THORWALD DETHLEFSEN

VITA DOPO VITA
DIALOGHI CON REINCARNATI

TRADUZIONE DI STEFANIA BONARELLI

EDIZIONI MEDITERRANEE - ROMA

Ristampa 1993

Finito di stampare
nel mese di Luglio 1993
presso la Tipografia S.T.A.R.
Via Luigi Arati, 12 - 00151 Roma

ISBN 88 - 272 - 0096 - 7

Titolo originale dell'opera: *DAS LEBEN NACH DEM LEBEN - Gespräche mit Wiedergeborenen* □ © Copyright 1974 by Verlagsgruppe Bertelsmann GmbH / C. Beltelsmann Verlag, München □ © Copyright 1978 by Edizioni Mediterranee, Roma - Via Flaminia, 158 □ Traduzione di Stefania Bonarelli □ Printed in Italy □ S. T. A. R. - Roma

*In segno di gratitudine
dedico questo libro al mio maestro
Wolfgang Döbereiner*

Indice

Lo shock

Age regression — 11
1. Verbale — 19
2. L'ipnosi — 43
3. Il caso Bridey Murphy — 85
4. Il caso Shanti Devi — 88
5. Il caso Imad Elavar — 92
6. Il caso Barbro Karlén — 94

La scoperta della realtà

L'Astrologia — 101
7. Karma e reincarnazione — 119
8. La legge della polarità — 122
9. L'arte di morire — 132
10. L'aldilà — 136

L'APPLICAZIONE ALLA REALTÀ

Ai limiti del razionale   143
11. Medicina   149
12. Psicologia   164
13. Parapsicologia   175
14. Il destino   181

LA VIA

Il problema esistenziale   187
15. Religione   198
16. Conclusione   201

LO SHOCK

Age regression

> « *Nascere due volte non è piú sorprendente che nascere una volta.
> In natura tutto è rinascita* ».
>
> *Voltaire*

Il 3 giugno 1968 mi incontrai con alcuni conoscenti in una casa di Monaco. Volevamo trascorrere una serata piacevole e organizzare alcuni psicoesperimenti. Non potevo immaginare che quella serata sarebbe diventata decisiva per la mia vita, perché quei lunedí sera servivano soltanto al nostro divertimento. Di piú non ci ripromettevamo.

Come sempre, contribuii a qualche esperimento di ipnosi. Chiesi ai presenti di chiudere gli occhi, di rilassarsi completamente e di concentrarsi esclusivamente sulle mie parole monotonamente ripetute. Già dopo pochi minuti vidi che due persone erano piombate in profondo sonno ipnotico: il signor Rudolf T., uno studente del politecnico di 25 anni che si era dimostrato buon medium già mesi prima, e una signorina che partecipava per la prima volta.

Allora esclusi le altre persone che prendevano parte all'esperimento, in parte ancora sveglie, in parte in leggero stato crepuscolare, per potermi concentrare sui miei due medium migliori. Mi proposi di provocare una « *age regression* ».

Per *age regression* s'intende il metodo capace di riportare le persone sotto ipnosi ad un'età precedente della loro vita. In questo stato l'ipnotizzato conosce dettagli che aveva dimenticato da tempo e non sa piú nulla di tutto ciò che ha vissuto e imparato dopo il momento al quale è stato riportato. L'ipnotizzato si comporta in modo corrispondente all'età cui è stato riportato, scrive con la grafia con la quale scriveva allora. Regressione in ipnosi significa non *ricordare* distintamente capitoli precedenti della propria vita, bensí *riviverli* con tutti gli stati d'animo e i sentimenti del momento in cui sono stati vissuti. Quindi, se si riporta un quarantenne all'età di 8 anni, egli scrive con la grafia che aveva a 8 anni, fa gli stessi errori di calcolo che faceva allora, non sa quale sia la radice quadrata di nove, anche se nel frattempo è diventato professore di matematica. Dimostrano che non si tratta — come frequentemente viene supposto — di un'imitazione alimentata dalla memoria, o cose del genere, ricerche sperimentali condotte in diversi stati, presso istituti scientifici di vari paesi.

W.H. Roberts e D. Black in un caso di miopia constatarono che l'ipnotizzato che era stato riportato a un'età precedente avvertiva un miglioramento del proprio difetto visivo. Durante questo esperimento il soggetto venne sottoposto ad esame obiettivo. E si constatò che i movimenti oculari si modificavano ed adattavano all'età corrispondente. Quando gli venne suggerita l'età di pochi mesi le commessure palpebrali cominciarono a contrarsi, e i bulbi oculari convergevano e divergevano. Questi movimenti oculari non associati sono tipici del neonato e non possono venire volontariamente simulati dagli adulti.

4 Anni:

7 Anni:

Hans

Heribert

9 Anni:

Heribert

12 Anni:

Herbert

14 Anni:

Herbert

17 Anni:

Heribt

Questi nomi sono stati scritti da un ipnotizzato nelle diverse età suggeritegli.

6 Anni:	Reinhard Vo el
7 Anni:	Reinhard Vogel Veilchen
8 Anni:	Reinhard
10 Anni:	Reinhard
12 Anni:	Reinhard
15 Anni:	R Reinhard
18 Anni:	Reinhard παιδεύω

Questi nomi sono stati scritti durante una seduta d'ipnosi dalla persona sottoposta all'esperimento nelle diverse età suggeritele.

Quindi quel 3 giugno cominciai ad ordinare agli ipnotizzati di continuare a retrocedere, di tornare indietro nella loro vita senza tener conto del tempo reale. Ogni tanto mi fermavo e rivolgevo delle domande; chiedevo per esempio il nome della scuola e degli insegnanti, a che giorno della settimana corrispondeva una certa data, quali regali avevano ricevuto per il loro decimo, ottavo o sesto compleanno, che vestito indossava la loro madre in quelle ricorrenze ecc. I medium rispondevano, cercavano di risolvere i quesiti di aritmetica e su comando scrivevano i loro nomi e altre parole con la scrittura dell'età loro suggerita.

Allora mi venne un'idea folle. Mi chiesi: È proprio vero che bisogna interrompere la regressione di età al momento della nascita? Se la risposta è sí, perché? Se la risposta è no, dove porterebbe l'ulteriore regressione nel tempo? Si potrebbe tentare una cosa del genere? Che cosa potrebbe succedere? Sarebbe pericoloso per il medium? Dove comincia la vita umana? Con la nascita? Certamente no! Nell'utero? Forse! Ma quando? In che momento comincia la vita individuale? Improvvisamente mi resi conto che il metodo della *age regression* ipnotica probabilmente è l'unico che può fornire una risposta chiara a tutte queste domande, e nel medesimo tempo decisi che quella sera non avrei interrotto la regressione alla nascita. Volevo continuare, abbattere le barriere della nascita — non sapevo contro che cosa avrei cozzato, ma volevo « esplorare una nuova terra ». Volevo tentare di parlare con un embrione!

Mi rivolsi di nuovo ai miei medium che, riportati ai 6 anni di età, dormivano immersi in un sonno tranquillo e profondo: « Voi avete 6 anni — torniamo ancora indietro — avete 4 anni — avete 2 anni — torniamo ancora indietro — il tempo per noi non ha importanza — avete un anno — andiamo ancora indietro — oggi è il giorno della vostra nascita... descrivetemi le vostre impressioni! ».

La signorina P. taceva, invece Rudolf T. cominciò a parlare respirando con difficoltà e profondamente:

« È chiaro e freddo ».
Io suggerii:
« Torniamo indietro un altro po' — a poco prima della tua nascita — cosa provi — che impressione hai? ».
« È un po' stretto ».
« Riesci a vedere qualcosa? ».
« No ».
« Torniamo indietro di altri 2 mesi! Dimmi, cosa provi, cosa senti? ».
« Niente, niente! ».
« Torniamo ancora piú indietro — retrocediamo di un anno intero! Dove ti trovi? ».
« Non so! ».
« È chiaro o buio? ».
« Non vedo niente; è tutto cosí vuoto! ».
« Dimmi il tuo nome! ».
« Non ce l'ho! ».
« In che anno siamo? ».
« Non so! ».
« Retrocediamo ancora, ancora, ancora finché non ti imbatti in un avvenimento saliente che riesci a descrivere con parole! ».
Il signor T. respira con difficoltà — io e i presenti lo fissiamo quasi senza respirare. Come andrà a finire — dove ci condurrà questo esperimento? Il signor T. comincia a parlare — notevolmente affannato:
« Sí, sono in una cantina ».
« Dov'è la cantina, in che posto, in quale città? ».
« Wissembourg ».
« In che paese ti trovi? ».
« In Francia ».
« Come ti chiami? ».
« Guy Lafarge! ».
« Dove ti trovi? ».
« In cantina ».
« In che via è questa cantina? ».
« Rue du Connétable! ».
« Perché sei in cantina? ».

« Guerra ».
« C'è la guerra? ».
« Sí ».
« Quale guerra? ».
« Contro i prussiani ».
« In che anno siamo? ».
« Nel 1870 ».
« Quanti anni hai allora? ».
« Diciotto! ».

Sogno e realtà sembravano fondersi. La dimensione del tempo cambiava rotta. Io non parlavo piú con la persona che stava seduta di fronte a me, il signor T. di 25 anni, studente di ingegneria, abitante a Monaco, ma con il signor Guy Lafarge, di 18 anni, abitante a Wissembourg, testimone oculare della guerra franco-prussiana! Cosa era successo? Avevo le traveggole? Certamente no, perché gli altri venti partecipanti fissavano il medium dormente tesi come me. Che il nostro medium ci stesse prendendo in giro? Anche questo non era credibile, se si guardava il signor T. — al momento monsieur Guy Lafarge. Era seduto lí immerso in profondo sonno ipnotico da oltre un'ora, respirava pesantemente e rispondeva alle mie domande con frasi laconiche — di uno scherzo non poteva trattarsi, lo sapevamo tutti! Significava che avevamo a che fare con una realtà estranea alla nostra realtà.

Non avevo tempo di rispondere a tutti questi interrogativi. Come proseguire l'esperimento? Mentre cosí pensavo il mio sguardo cadde sulla signorina P. L'avevo quasi dimenticata. Anche lei si trovava ancora sotto ipnosi, perciò doveva aver sentito tutte le domande che avevo rivolto al signor T., anche se da un po' di tempo non rispondeva piú.

Decisi quindi di porre fine all'esperimento al piú presto. Ordinai ai miei medium di avanzare di nuovo a poco a poco nel tempo.

E trassi un sospiro di sollievo quando alle mie domande il medium rispose presentandosi col suo nome attuale.

Mi muovevo di nuovo entro i limiti familiari di un esperimento di regressione di età.
Lo riportai un po' alla volta all'età di 25 anni e lo svegliai. I due medium si svegliarono, si guardarono intorno un po' stupiti e guardarono sconcertati gli spettatori che li fissavano, non disposti a credere di aver trascorso in profondo sonno ipnotico quasi due ore.
Dall'interrogatorio che seguí risultò che non ricordavano nulla di quanto era stato detto in ipnosi. Questo fenomeno, frequente, è detto amnesia totale; dimostra la profondità del sonno ipnotico. Dopo stati ipnotici di media e lieve entità non subentra amnesia totale; essa subentra invece regolarmente dopo gli stati sonnambulici.
Raccomandai all'uditorio di non far parola col medium su quanto era successo perché avevo intenzione di ripetere e proseguire l'esperimento iniziato fino ad arrivare ad una vita precedente, una settimana dopo, secondo un piano preciso e senza che il mio medium fosse informato del contenuto.

Quindi con lo stesso medium organizzai una seconda seduta nella stanza di un albergo di Monaco alla presenza di un gruppo di persone meno nutrito. Erano complessivamente sette testimoni. Questa volta mi ero preparato: seguii un piano prestabilito e misi in azione un registratore, che registrò il seguente dialogo.

1. Verbale

Guy Lafarge, nato nel 1852, morto nel febbraio del 1880
Seduta del 10 giugno 1968

I = Ipnotizzatore; M = Medium.

I: Oggi è il 10 giugno 1968, sono le 8,30, siamo riuniti in seduta e stiamo preparando un esperimento di ipnosi.

Sono presenti per il controllo le seguenti persone: Peter W., Ursula W., Horst G., Rolf Sch., Rudolf S., Jörg Sch.; medium è il signor T., ipnotizzatore Thorwald Dethlefsen.

I: Lei sta dormendo ... molto profondamente — molto profondamente. Il suo sonno diventa ancora piú profondo — diventa sempre piú profondo — sempre piú profondo ... Lei si sente bene — il suo corpo è rilassato —

il suo respiro è tranquillo e regolare ... Dormirà finché io non le darò l'ordine di svegliarsi ... dormirà profondamente per tutto il tempo ... e si sveglierà solo quando io le ordinerò di svegliarsi — prima no ... dormirà profondamente per tutto il tempo ... Lei è completamente sotto il mio influsso ... può udire e sentire tutto ciò che le dico ... Adesso sente caldo — sempre piú caldo — molto caldo — ancora piú caldo ... comincia a sudare ... le cola il sudore dalla fronte ... ha la bocca asciutta ... deve deglutire ... fa un caldo insopportabile ... lei sta sudando ... il sudore le cola dalla fronte ... cerca refrigerio ... fa molto caldo, spaventosamente caldo ... il calore diminuisce ... fa piú fresco ... adesso la temperatura è piacevole — lei si sente bene ... dorme molto profondamente, molto profondamente ... adesso retrocediamo nella sua vita ... per noi il tempo non ha importanza ... Lei ha 23 anni ... torniamo sempre piú indietro ... lei ha 16 anni ... mi risponda, per favore, in che anno siamo?

M: Sessanta...

I: Quando è nato?

M: Nel 1943.

I: Quanti anni ha?

M. Sedici.

I: In che anno siamo?

M: Nel 1950.

I: Continuiamo a retrocedere nel tempo ... lei ha 15 anni ... ha 14 anni ... ha 12 anni ... ha 10 anni ... in che scuola va?

M: Alle elementari

I: In che località si trova la scuola?

M: A Lemberg.

I: Che classe fai?

M: Quarta (incomprensibile).

I: Quanti anni hai?

M: Dieci.

I: Continuiamo a retrocedere. Hai 8 anni ... hai 6 anni ... Oggi compi 6 anni ... Dimmi, che giorno della settimana è oggi?

M: (respirando con difficoltà) ... Martedí (13-9-1949 = martedí!!!).
I: Continuiamo a retrocedere ... Hai 4 anni ... hai 2 anni ... hai un anno ... Dimmi, dove ti trovi?
M: Nella culla.
I: Dove sta questa culla?
M: Nella camera da letto.
I: Tu hai un anno ... mi sai dire come stai di salute?
M: ... sono guarito.
I: Sei stato ammalato?
M: Sí.
I: Cosa hai avuto?
M: Avvelenamento del sangue ... tosse asinina ... pleurite.
I: Come si chiama la clinica nella quale sei stato?
M: Clinica pediatrica.
I: Continuiamo a retrocedere: oggi è il giorno della tua nascita ... ecco, questo è il momento in cui stai nascendo ... stiamo assistendo alla tua nascita ... descrivimi le tue impressioni, per favore.
M: È chiaro e freddo.
I: È chiaro e fa freddo?
M: Sí.
I: Avverti qualche altra cosa?
M: No.
I: Mi sai dire dove ti trovi?
M: No.
I: Retrocediamo ancora un po' ... ci troviamo nel momento che precede la tua nascita ... che cosa avverti, cosa senti, che impressioni hai?
M: È un po' stretto ...
I: Riesci a vedere qualcosa?
M: No.
I: Senti qualcosa? Mi sai dire in che consiste il tuo ambiente?
M: No.
I: Retrocediamo ancora ... torniamo indietro di altri 2 mesi ... dimmi, cosa avverti, cosa senti?

M: Niente ... niente.
I: Retrocediamo ancora ... retrocediamo di un altro anno ... dove ti trovi?
M: (poco distintamente) Non so.
I: Puoi descrivere qualche sensazione o impressione?
M: ... No ...
I: È chiaro o buio?
M: Non vedo niente!
I: Puoi tentare di descrivere il luogo nel quale sei? ... o almeno mi sai dire in che consiste?
M: Tutto cosí vuoto ...
I: Come definiresti lo stato in cui ti trovi?
M: ... hm ... stato di sospensione.
I: Provi qualcosa?
M: No.
I: Dimmi il tuo nome!
M: Non ho un nome.
I: Che età hai, piú o meno?
M: Non so.
I: ... in che anno siamo?
M: ... non so.
I: Hai contatti con altri esseri viventi, altre persone, altre forme?
M: No.
I: Puoi distinguere la luce dall'oscurità?
M: (parola piuttosto lunga, non comprensibile) ...
I: Retrocediamo ancora, retrocediamo finché non ti imbatti in un avvenimento di rilievo ... meritevole di descrizione ... ti imbatterai in un avvenimento che è possibile illustrare con una certa precisione, e lo farai. Allora mi dirai cosa vedi e dove sei. Torniamo indietro finché non ci imbattiamo in un avvenimento che è possibile descrivere ... Dove ti trovi?
M: Ancora non so.
I: Retrocediamo ancora.
M: (respirazione difficile) ...
I: Hai già trovato qualcosa che potresti descrivere?
M: ... Sí ... sí.

I: Dove sei?
M: ... In una piazza ... in un mercato.
I: Come si chiama il posto in cui si trova questo mercato?...
M: ...(nessuna risposta)
I: Dimmi il luogo, la città ... Andiamo ...
M: (interrompe, non comprensibile) ...
I: Come?
M: Non so!
I: In quale paese ci troviamo?
M: In Francia.
I: In che anno siamo?
M: ... nel 1870.
I: Cosa fai in questo mercato?
M: Vendo verdura.
I: Specificami cosa vendi.
M: ... (nessuna risposta)
I: Specificami cosa hai davanti; cosa vendi?
M: Cavoli bianchi.
I: E che altro?
M: Cavoli rossi.
I: Vendi anche arance?
M: Eh, cosa sono le arance?
I: Limoni?
M: Non li conosco.
I: Non conosci affatti i limoni?
M: No.
I: Quanto costa un cavolo bianco?
M: Otto centimes.
I: Come ti chiami? ... Dimmi il tuo nome!
M: .... Guy.
I: Come?
M: Guy.
I: È il tuo nome intero?
M: Sí.
I: Ripetilo lettera per lettera!
M: Gi ... u ... ipsilon.
I: È il tuo nome o il tuo cognome?

M: Jean ... nome!
I: Lettera per lettera, per favore!
M: Nome?
I: Sí.
M: ... N ... o ... m ... e.
I: Dimmi di nuovo il tuo cognome!
M: Non lo so!
I: Conosci qualcuno che si chiama Guy Lafarge?
M: Sono io.
I: È questo il tuo cognome?
M: Sí.
I: Adesso dimmi, per favore, come si chiama il luogo nel quale ti trovi adesso?
M: (nessuna risposta).
I: Conto fino a tre e lo saprai ... uno ... due ... tre.
M: Wissembourg.
I: Lettera per lettera, per favore!
M: W ... i ... s ... s ... e ... m ... b ... o ... u ... r ... g ...
I: Hai fratelli?
M: Sí.
I: Quanti?
M: Due.
I: Fratelli o sorelle?
M: Tutti e due.
I: Hai un fratello e una sorella?
M: Sí.
I: Come si chiamano? Come si chiama tuo fratello?
M: Jean (pronunciato alla francese).
I: Come si chiama tua sorella?
M: ... Anne.
I: Quanti anni hai?
M: Diciotto.
I: In che anno siamo?
M: Nel 1870.
I: Quando sei nato?
M: Nel 1852.
I: Che mestiere fai?

M: Nessuno.
I: Come ti guadagni da vivere?
M: Vendendo frutta e verdura.
I: È un negozio o una bancarella?
M: È una bancarella.
I: È tua o dei tuoi genitori?
M: Di mio padre.
I: Come si chiama tuo padre?
M: Jean.
I: E tua madre?
M: Marie.
I: Marie?
M: Marie.
I: Lettera per lettera, per favore!
M: M ... a ... r ... i ... e.
I: Che scuole hai fatto?
M: Nessuna ...
I: Non hai frequentato nessuna scuola?
M: No.
I: Sai scrivere?
M: Sí.
I: Dove hai imparato?
M: Da mio fratello.
I: Lui ha frequentato una scuola?
M: Sí.
I: Quanti anni ha tuo fratello?
M: Ventiquattro.
I: Si chiama Jean?
M: Sí.
I: Mi sai dire l'indirizzo e il nome della scuola che ha frequentato tuo fratello?
M: No.
I: Non sai come si chiama quella scuola?
M: No.
I: Tu non sei andato in nessuna scuola?
M: No.
I: In che via abiti?
M: ... oh ...

I: Conto fino a tre, e saprai il nome della via! Uno ... due ... tre!
M: Rue du Connétable.
I: Ha un numero civico la tua casa?
M: No.
I: Dove abiti, in una casa, in un appartamento ... descrivimi la tua abitazione!
M: Una casa, a un piano ...
I: Una casa a un piano?
M: Due stanze.
I: Due stanze. Chi altri abita in questa casa oltre a te?
M: I miei genitori e i miei fratelli.
I: Dimmi la data di nascita di tuo padre, per favore!
M: Non la so.
I: Mi hai detto in che anno sei nato. Mi sai dire anche il giorno esatto?
M: No.
I: Quanto è grande, sù per giú, la località in cui vivi?
M: Duecentocinquanta abitanti.
I: Di che fede sei, a quale religione appartieni?
M: Cattolica.
I: Cattolica? Come si chiama il vostro parroco?
M: Padre Pierre.
I: Padre Pierre?
M: Sí.
I: Che nome ha la vostra chiesa?
M: ... Eglise de la Sainte Marie.
I: Sei sposato?
M: No.
I: È sposato qualcuno dei tuoi fratelli?
M: No.
I: Hai amici?
M: No.
I: Conoscerai pure qualche vicino!?
M: Sí.

I: Dimmi il nome di qualcuno che conosci!
M: Robert.
I: Robert?
M: Robert.
I: Chi altro conosci? Mi sai dire il cognome di Robert?
M: Renò.
I: Lettera per lettera, per favore!
M: R ... e ... n ... a ... u ... l ... t (Renault).
I: Grazie. Chi altro conosci?
M: Pierre Renault.
I: Pierre, chi è?
M: È il fratello di Robert.
I: Quanti anni ha Robert?
M: Diciotto.
I: E Pierre?
M: Diciannove.
I: Dove abitano questi tuoi amici?
M: Sulla strada maestra, all'altra estremità.
I: Sulla strada maestra, all'altra estremità? Che mestiere fanno questi tuoi due amici?
M: Fanno gli stallieri.
I: Esiste un'istituzione di una certa importanza, una fabbrica, un'industria, una fattoria un po' grande nel vostro paese?
M: Una fattoria.
I: Mi sai dire il nome del suo proprietario?
M: No.
I: Sei mai stato ammalato?
M: Non so.
I: La gente parla il tedesco o il francese nella tua cittadina?
M: Tutti e due.
I: Come mai?
M: Perché siamo tedeschi e francesi.
I: Appartiene all'Alsazia questo paese?
M: Sí.

I: Mi sai dire una località o una città un po' importante vicina al vostro paese?
M: Strasbourg.
I: Parlate in francese corretto o in dialetto?
M: Dialetto.
I: Tu lo conosci questo dialetto?
M: Sí.
I: Al mercato devi certamente vantare la merce che vendi!?
M: Sí.
I: Immagina che stia passando della gente e che devi elogiare la merce; per favore, di' un po' in dialetto, come vanti la merce?
M: Mesdames ... mesdames, messieurs ... prenez ces choux de Bruxelles et le pommes, ils sont ... pas chères ... et ils sont très bien ... m'achetez-les! ... ils sont plus bien ici ... et soixante centimes, s'il vous plaît ... merci bien ...
I: Grazie, mi basta, l'hai fatto bene ... sai cantare?
M: No.
I: Conosci una bella canzone che si canta in paese?
M: Beh, sí.
I: Prova a cantarla, per favore — non occorre che canti bene — oppure, se proprio non sai cantare, dimmela!
M: ...
I: Su, prova, mi farebbe molto piacere se mi cantassi qualcosa.
M: ... (geme) ...
I: Allora, come dice questa canzone?
M: Frère Jacques ... frère Jacques! ... Dormez vous? ... Sonnez les matines ... din, din, don ... c'est un canon.
I: Continua la canzone?
M: No.
I: Hai letto qualche libro?
M: No.
I: Mi puoi descrivere il vestito che hai addosso, per favore? Che cosa hai addosso?
M: Pantaloni.

I: Pantaloni?
M: Sí, e una camicia ...
I: Com'è la moda in generale?
M: ... vestiti molto lunghi ...
I: Avete un costume regionale?
M: Sí.
I: L'hai mai visto?
M: Una o due volte.
I: Ricordi com'è fatto? Me lo puoi descrivere?
M: Molto colorato, una cuffietta coi pizzi e uno scialle sulle spalle, scarpe grosse ...
I: Avete la luce elettrica a casa?
M: Cos'è?
I: Come illuminate le stanze a casa vostra?
M: Segatura di pino.
I: Di cosa è fatto il tetto della vostra casa?
M: Di fango e paglia.
I: Avete animali domestici?
M: Sí.
I: Quali?
M: Polli.
I: Quanti?
M: Tre.
I: Mi puoi descrivere la casa un po' piú esattamente? Com'è fatta? Hai già detto che ha un solo piano e il tetto di fango e paglia; di che materiale sono i muri?
M: Legno e sassi.
I: Colore?
M: Naturale! Rossastra.
I: Avete un barman
M: Cos'è un barman
I: Dimmi, per favore, cosa mangi volentieri?
M: Montone arrosto e cavoli.
I: Esiste da voi un piatto particolare, tipico, un piatto regionale? Conosci qualcosa del genere?
M: Lumache.
I: Conosci la ricetta del montone arrosto?
M: Un pezzo di carne con l'osso arrostita allo spiedo.

I: Cosa ci mangiate insieme?
M: Una specie di pane.
I: Cosa?
M: Pane.
I: Che aspetto ha?
M: Sono focacce rotonde ... con farina ... e uova.
I: Hai qualche abilità particolare, sai suonare uno strumento, sai ballare?
M: No.
I: Paghi le tasse?
M: Cosa sono le tasse?
I: Quanto guadagni al giorno?
M: Dipende da quanto vendo.
I: Con che cosa si paga?
M: Con monete.
I: Avete anche banconote?
M: No, impegni scritti.
I: La tua famiglia può essere definita povera o ricca?
M: Povera.
I: Molto povera?
M: Sí.
I: Mi sai dire il nome di qualche tuo parente? Hai parenti che conosci?
M: Nonni.
I: Come si chiamano?
M: Non so, sono morti da tanto tempo.
I: Mi sai dire la radice quadrata di nove?
M: Cos'è la radice quadrata di nove?
I: Veniamo un po' avanti nella tua vita ... tu compi 20 anni ... 25 anni ... 27 anni; dimmi, per favore, in che anno siamo?
M: Nel 1879.
I: È successo qualcosa di particolare in quest'anno?
M: No.
I: In che posto ci troviamo?
M: Wissembourg.
I: Cosa fai durante il giorno?
M: Lavoro.

I: Che lavoro fai?
M: Lavoro la terra in un podere.
I: Di chi è il podere?
M: Del proprietario.
I: Come si chiama questo proprietario?
M: ... (respira di nuovo con difficoltà) ...
I: Conto fino a tre, e ti verrà in mente ... uno ... due ... tre.
M: ...
I: Ebbene? ... Dimmi il nome del padrone della terra!
M: ...
I: Non lo sai?
M: ... (piano) ... no.
I: Quanto quadagni qui?
M: Assolutamente niente.
I: Perché lavori per il proprietario di questo podere?
M: Devo.
I: Perché?
M: Ho debiti.
I: Li hai fatti tu o sono debiti dei tuoi genitori?
M: Io.
I: A quanto ammontano?
M: ...
I: Pressappoco.
M: Dieci cavalli.
I: Perché hai fatto debiti?
M: ... (respira con difficoltà, non vuol parlare).
I: Suvvia, dimmelo, me lo puoi dire tranquillamente!
M: ...
I: Va bene, lasciamo perdere, non è tanto importante. Dove abiti?
M: Casa della servitú.
I: Nella casa della servitú?
M: Sí.
I: Sei sposato?
M: No.
I: Mi puoi precisare o descrivere meglio il luogo nel quale si trova il podere nel quale lavori?

M: Sull'altura ad ovest.
I: Sull'altura ad ovest? Quanto è grande, piú o meno, questo podere?
M: ...
I: È una proprietà molto grande?
M: Molto grande.
I: Come si chiama il proprietario?
M: ...
I: Ha un nome il podere?
M: No.
I: Fra i servi hai certamente un amico, dei conoscenti, dimmi il nome di qualcuno di loro!
M: Marie, Jean-Claude, ... Margot (o qualcosa di simile) ...
I: Cosa fanno attualmente i tuoi fratelli?
M: Morti.
I: Sono morti. Quando?
M: Otto anni fa.
I: Di che cosa?
M: ... guerra (osservazione: 1870/71 guerra franco-prussiana).
I: Che guerra?
M: Contro i tedeschi.
I: Dove sono sepolti?
M: Non so.
I: Non conosci la tomba?
M: No.
I: I tuoi genitori sono ancora vivi?
M: No.
I: Di che cosa sono morti i tuoi genitori?
M: Anche loro a causa della guerra.
I: Anche loro in guerra?
M: Sí.
I: Quanti anni hai?
M: ... ventisette.
I: Come si chiama il parroco del paese?
M: Padre Pierre.

I: Continuiamo a venire avanti nella tua vita, hai 28 anni ... 29 anni ... 30 anni ... dove ti trovi?
M: ...
I: Hai 30 anni!
M: Non so.
I: Andiamo di nuovo indietro ... hai 28 anni ... dove ti trovi?
M: Nella stalla.
I: E dov'è questa stalla, a chi appartiene?
M: A monsieur Pierre.
I: Ripetimi il nome chiaramente e ad alta voce!
M: Monsieur Pierre.
I: Chi è?
M: Il padrone del podere.
I: Da quanto tempo sei in questo podere?
M: Due anni.
I: Dov'è questo podere?
M: A Wissembourg.
I: Quanto guadagni?
M: Niente.
I: Perché?
M: Debiti.
I: Avanziamo di nuovo; hai 29 anni, dove ti trovi?
M: Non so.
I: Andiamo indietro, hai 8 anni, è gennaio, dove sei?
M: In campagna.
I: È febbraio, dove sei?
M: Nella stalla.
I: Come stai?
M: Male.
I: Perché?
M: Sono stato calpestato.
I: Sei stato ...?
M: Calpestato.
I: Da chi, da che cosa?
M: Cavallo.
I: Stai molto male?
M: Non so.

I: Sei ancora in grado di lavorare?
M: No.
I: Stai coricato nella stalla?
M: Sí.
I: È marzo, dove sei?
M: Non so.
I: Torniamo indietro, siamo in febbraio; descrivimi, per favore, i fatti accaduti in febbraio.
M: Sto strigliando un cavallo.
I: Sí.
M: Il cavallo mi calpesta.
I: Sí.
M: E io sono ferito.
I: Tu sei ferito, e dopo?
M: Perdo i sensi.
I: Perdi i sensi? E dopo?
M: Non so.
I: Mi puoi illustrare in qualche modo la situazione attuale?
M: Ho avuto un incidente ... morirò.
I: Mi puoi descrivere questo avvenimento?
M: No.
I: Perché no?
M: Non so.
I: Torniamo indietro ... hai 26 anni ... come ti chiami?
M: Guy Lafarge.
I: Sai parlare in francese ... ti prego di dire qualche frase in francese ... parla pure in dialetto ... per favore, dimmi in francese la frase: Dov'è il piú vicino distributore di benzina?
M: Ou est le prochaine ...
I: Descrivimi un distributore di benzina, per favore.
M: Non sono capace.
I: Come si dice in francese distributore di benzina?
M: Non so.
I: Sei mai andato in automobile?
M: No.
I: No?

M: No!
I: Sei mai uscito dal tuo paese? Conosci i dintorni? Conosci un'altra città?
M: No.
I: In che posto sei nato?
M: A Wissembourg.
I: Non conosci i dintorni?
M: No.
I: Di che colore sono i tuoi capelli?
M: Neri.
I: Quanto sei alto?
M: Uno e sessantacinque circa.
I: Sai scrivere il tuo nome?
M: Sí.
I: Ecco qualcosa per scrivere. Per favore, scrivi il tuo nome!
M: (scrive il proprio nome ad occhi chiusi, vedi sotto).

GuiLafarge

I: Scrivimi Gemüse*, per favore!
M: (scrive anche Gemüse).

Gemüse

I: Grazie! Quanto fa tre per tre?

* Gemüse = verdura. (N.d.T.).

M: Nove.
I: Quanto fa tre per tre?
M: Nove.
I: Come si chiama il sindaco del tuo paese?
M: Non so.
I: Conosci qualche danza popolare?
M: ... no.
I: No?
M: ...
I: Mi puoi nominare qualche persona importante del tuo paese?
M: ... il proprietario del podere.
I: Il proprietario del podere! Come si chiama?
M: Non so.
I: Conto fino a tre e ti verrà in mente il nome del proprietario del podere! Improvvisamente lo saprai! Uno ... due ... tre!
M: Pierre.
I: E poi?
M: Non so.
I: Da chi è governata la Francia?
M: ... dal re.
I: Da chi?
M: Dal re!
I: Come si chiama questo re?
M: ... Luigi.
I: Torniamo indietro, tu hai 24 anni; in che anno siamo?
M: Nel 1866.
I: Fa' il conto di nuovo! In che anno siamo?
M: ...
I: Tu hai 24 anni! ... be', l'anno non ha importanza, tu comunque hai 24 anni ... sono ancora vivi tuo fratello e tua sorella?
M: Sí.
I: C'è la guerra?
M: ...
I: C'è la guerra?

M: Sí.
I: C'è la guerra adesso? Rispondi di nuovo!
M: Sí.
I: Cosa stai facendo?
M: Sto rimettendo a posto.
I: Cosa stai rimettendo a posto?
M: I carri.
I: Perché?
M: Si sono ribaltati.
I: Questi carri si sono rovesciati?
M: Sí.
I: Da chi sono stati rovesciati questi carri?
M: Dai tedeschi.
I: Che aspetto hanno questi soldati? ... Descrivimeli!
M: Cavallo con cavaliere.
I: Cavallo con cavaliere?
M: Sí ... uniformi molto colorate ... baionetta e fucile.
I: Veniamo avanti nel tempo ... tu hai 27 anni ... veniamo ancora avanti ... dove ti trovi?
M: Non so.
I: Mi puoi dire che cosa provi?
M: Leggero, cosí leggero.
I: Hai contatti con altre persone, con altri esseri?
M: No.
I: No? Nello stato in cui ti trovi adesso hai avuto qualche contatto, hai incontrato qualcuno?
M: No.
I: Riesci a distinguere la luce dall'oscurità?
M: No.
I: Hai detto che ti senti leggero; hai un corpo?
M: No.
I: L'espressione « piano astrale » ti dice qualcosa?
M: Cos'è?
I: Hai il concetto del bene e del male?
M: ...
I: Nel tuo stato attuale ... il concetto di bene e male ti dice qualcosa?

M: No.
I: Come sono le tue sensazioni, le definiresti piacevoli o spiacevoli?
M: Piacevoli.
I: Puoi spostarti in qualche modo?
M: Non so.
I: Puoi osservare gli uomini sulla Terra?
M: No.
I: Sai che esistono gli uomini?
M: No.
I: No?
M: No.
I: Hai obiettivi?
M: No.
I: Hai il senso dello spazio e del tempo?
M: No.
I: Come descriveresti lo spazio nel quale ti trovi?
M: Non so.
I: Hai il senso dell'Io?
M: ...
I: Sai di esistere?
M: ...
I: Sí o no?
M: No.
I: Come ti chiami?
M: Non ho nome.
I: Quando sei morto l'ultima volta?
M: Non so.
I: Adesso veniamo avanti finché il tuo stato attuale non si modifica ... perciò veniamo avanti, avanti ... finché il tuo stato non cambia ... e la piccola modificazione alla quale ci fermeremo tu me la descriverai!
M: ... avverto un risucchio.
I: Avverti un risucchio? E che altro avverti? Hai qualche percezione?
M: No.
I: Avverti altro?
M: Sí, una trazione.

I: Una trazione. Cosa provi? Questa sensazione di trazione è piacevole o spiacevole?
M: Piacevole.
I: Adesso dimmi, passo passo, come prosegue. Descrivimi, per favore, ogni minima modificazione delle tue attuali sensazioni!
M: Il risucchio aumenta e mi tira ... (mormora) ...
I: Il risucchio aumenta, e poi?
M: Mi tira ...
I: Dove?
M: Non so, verso il basso.
I: Verso il basso! Per favore, descrivimi con precisione come prosegue ... fase per fase! Senti qualcosa?
M: Divento ... no ...
I: Cosa volevi dire?
M: Il risucchio cessa.
I: Il risucchio cessa! Dove sei?
M: Non so.
I: Com'è l'ambiente?
M: Caldo.
I: Caldo! Puoi avvertire o percepire altro?
M: No.
I: Come ti senti?
M: Bene.
I: Se tu dovessi confrontare il tuo stato attuale con quello precedente, quale dei due è piú piacevole?
M: Uguale.
I: Adesso, per favore, dimmi, fase per fase, come va avanti. Ti senti bene, sei al caldo, il risucchio è cessato! Hai un corpo?
M: Non so.
I: Hai una forma?
M: Non posso vedere niente.
I: Sai di esistere?
M: Sí.
I: Sai che esisti?
M: Sí.
I: Che altro sai dello stato attuale?

M: Niente.
I: Come continua? Adesso, per favore, descrivimi ogni modificazione che avviene!
M: Mi è difficile muovermi.
I: Puoi muoverti! Dove ti trovi?
M: Non so.
I: Com'è il tuo ambiente?
M: Caldo e ... (mormora) ...
I: Caldo e poi?
M: Caldo.
I: In che posizione stai?
M: Non so ... seduto.
I: Ma intorno a te cosa c'è? Aria, liquido? Mi puoi dire, in qualche modo, cosa c'è intorno a te?
M: No.
I: Sei consapevole di esistere?
M: Sí.
I: Hai un corpo?
M: Sí.
I: Di che dimensioni?
M: Molto piccolo.
I: Continuiamo ad avanzare nel tempo finché non subentra un altro piccolo mutamento, che mi descriverai! Qual è la successiva modificazione?
M: Vengo stretto.
I: Vieni stretto! E dimmi, per favore, con molta esattezza, cosa succede, cosa senti, cosa avverti?
M: Vengo stretto da qualcuno ... tenta ...
I: Cosa tenta?
M: ... di spostarmi.
I: Chi è?
M: Non so.
I: Poi cosa succede?
M: Vengo spinto.
I: Dove?
M: ... in un mondo ... in un ... in un mondo nuovo.
I: Vedi qualcosa?
M: No.

I: Cosa provi?
M: Hm ... sto stretto.
I: Stai stretto! Poi?
M: Improvvisamente sto di nuovo piú largo.
I: Stai di nuovo piú largo ... dove sei?
M: Non so.
I: È cambiata qualche altra cosa?
M: Sí.
I: Cosa?
M: Fa piú freddo.
I: Fa piú freddo! Il contenuto della tua coscienza si è modificato?
M: È come piú chiaro.
I: Piú chiaro! Ti senti meglio, non ti senti bene? Paragona questo stato con quello precedente!
M: Non so.
I: Puoi vedere qualcosa?
M: No.
I: Senti distintamente di avere un corpo?

Fine del nastro ...

Questa esperienza, oltre me, scosse tutti i presenti. « Scosse » probabilmente non è l'espressione giusta. Per quanto mi riguarda, ero letteralmente sconvolto.

Tuttavia mi sforzai di essere scettico. Quali dubbi erano possibili?

Bene, si potrebbe sospettare che il signor T. avesse « recitato una parte ». Era il sospetto piú frequente fra quelli avanzati. Contro va detto che: prima dell'esperimento il medium non era al corrente delle mie intenzioni. Non lo avevo informato di voler tentare una « *age regression* ». I testimoni della prima seduta avevano correttamente osservato il silenzio piú assoluto, per cui il medium era venuto alla seduta all'oscuro di tutto. Quando lo svegliai non ricordava assolutamente niente ...

In secondo luogo si potrebbe affermare che il medium non fa che esprimere quanto l'ipnotizzatore gli suggerisce per via telepatica. Elimina tale dubbio il fatto che io stesso ero straordinariamente scioccato. Inoltre: Se il signor T. avesse espresso i miei pensieri, i concetti moderni di « automobile », « distributore di benzina » o « i frutti moderni », arance e limoni, gli sarebbero stati familiari.

Terzo sospetto: Il medium ha letto da qualche parte questa storia dell'epoca di Napoleone III. Risposta: L'insignificante vita di Guy Lafarge non può uscire da nessun libro — inoltre il tutto è troppo non-letterario, banale. Però tutti i presenti si sono accorti che si trattava di fatti vissuti, e non letti, dai forti mutamenti d'umore cui il medium andava soggetto. Se fosse venuto a una seduta del genere « preparato », con una storia letta, alla domanda « Come si chiama il proprietario del podere? » avrebbe sicuramente avuto la risposta pronta ...

Fatte tutte queste considerazioni, per me non c'era piú alcun dubbio; tuttavia sulle prime parlai della mia scoperta solo con pochissime persone che sapevo come la pensavano in materia. Era scontato che il 99% delle persone con cui ho a che fare tutti i giorni si sarebbe limitato a rimanere sconcertato, la cosa non mi meraviglia piú da tempo — in un mondo che ritiene ancora ciarlataneria persino un fenomeno naturale come l'ipnosi.

2. L'ipnosi

> «*Tutto ciò che è istintivo si fonda sulla vera essenza delle cose. Ma gli scettici di tutti i tempi non hanno prestato sufficiente attenzione a questo fatto*».
>
> ELIPHAS LEVI

« Ipnosi » è una parola che esercita un fascino enorme su tutti, sebbene pochissimi l'abbiano conosciuta. Sicché la maggior parte delle persone, in mancanza di esperienze proprie, fanno entrare con la fantasia nel concetto di « ipnosi » tutto il possibile e immaginabile. Parlano della forza irresistibile di personalità fortemente volitive, che con il loro sguardo trascinano le loro vittime nella propria orbita trasformandole in passive marionette svuotate della loro volontà, disposte a tutto, dall'amore coatto al « delitto su comando »...

Questo legame coi misteri occulto-magici ha posto l'ipnosi, dalla sua scoperta ad oggi, in una luce ambigua impedendo che venisse studiata a fondo e ne venissero sfruttate tutte le possibilità — soprattutto in campo terapeutico. Alla psicoterapia essa potrebbe offrire molto — anche se gli psicoterapisti lo ammettano « obtorto collo ».

Per spiegare questa loro antipatia diamo un'occhiata alla storia dell'ipnosi. La troviamo già nel VI millennio avanti Cristo. Nell'alta cultura egiziana (3000 a.C.) era definita espulsione del demonio. 150 anni prima di Cristo la ritroviamo ad Epidauro e in altri centri cultici quale « sonno nel tempio » di Asclepio, nel medioevo in Europa come mal caduco (epidemie!) e nel XVI secolo come « imaginatio ».

Verso la fine del XVIII secolo inizia lo sviluppo concreto di quello che noi scientificamente chiamiamo « ipnotismo ». Nel 1775 il medico viennese Friedrich Anton Mesmer scoprí un nuovo metodo di cura, che consisteva nello spostare in qua e in là un magnete sfiorando la superficie delle parti del corpo ammalate. Però constatò ben presto che otteneva lo stesso risultato anche senza magnete, sfiorando le parti del corpo ammalate con le sole mani. Ne dedusse che possedeva forze che erano simili alle forze magnetiche dei metalli. Mesmer definí questi fenomeni « magnetismo animale ». Successivamente il concetto fu definito « magnetismo degli animali », « mesmerismo » e « magnetismo vitale ».

Grazie ai suoi sensazionali successi in campo terapeutico Mesmer divenne rapidamente celebre ed ebbe una forte affluenza di pazienti. Si trasferí a Parigi, dove nel 1784 l'Accademia sottopose ad esame le sue teorie e le respinse perché il « fluido » del magnetismo non era dimostrabile. Mesmer fu messo alla gogna quale truffatore e ciarlatano. La tragedia di quest'uomo, che rimase fedele alla sua teoria fino alla morte, consiste nel fatto che nel ricercare l'« azione terapeutica dei magneti » scoprí l'ipnotismo terapeutico senza lontanamente immaginare cosa aveva scoperto.

Respinte dalla scienza ufficiale, le sue teorie vennero prese in considerazione quasi soltanto dai circoli occultistici.

L'altra svolta decisiva nello sviluppo dell'ipnosi si ebbe nel 1843 per opera dell'oculista inglese Braid. Nel corso di esperimenti egli constatò che le persone che fissavano a lungo un oggetto lucente cadevano in uno stato simile al sonno. Questo stato assomigliava a quello provocato da Mesmer nei suoi pazienti. Braid fu il primo a definirlo « ipnosi », dal greco « hypnos » = sonno.

Dopo qualche tempo le ricerche sull'ipnosi furono riprese dal medico francese Charcot. I suoi esperimenti di ipnosi con gli isterici alla « Salpêtrière » (Parigi, 1878) suscitarono uno scalpore di portata mondiale. Destava sensazione il fatto che si occupasse di questa branca della scienza una celebrità come Charcot.

I successivi contributi scientificamente significativi vennero da Liébault (1866) e da Bernheim (1884), che respinsero la teoria del fluido sostituendola con quella della suggestione. Secondo Bernheim l'ipnosi è dovuta alla capacità d'immaginazione che viene stimolata dalla suggestione verbale. Quindi è responsabile dell'ipnosi il medium; tutti i fenomeni vengono ricondotti all'autosuggestione.

Questa teoria dell'autosuggestione fu perfezionata da Coué, allievo di Bernheim, che creò una formula di autosuggestione che ha avuto diffusione mondiale (« Sto ogni giorno meglio, sempre meglio... »).

In contrasto con questa concezione puramente psicologica dell'ipnosi, nei primi decenni del XX secolo il fisiologo russo Pavlov sviluppò la teoria fisiologica dell'ipnosi. Egli definí l'ipnosi un riflesso condizionato (psichico; meccanismo inibitorio).

Le discussioni intorno all'ipnositerapia sono tuttora in corso. In tempi piú recenti troviamo contrapposte due grandi teorie: da un lato la « hypnotic state theory » (teoria dello stato ipnotico) formulata nel 1968 da J.F. Chaves (USA). Questa teoria considera lo stato ipnotico e il comportamento in ipnosi fondamentalmente diversi dallo stato di veglia, cioè pone alla base uno stato di coscienza modificato. Dall'altro quella avanzata dall'americano, il piú feroce avversatore della ipotesi testé illustrata, che respinge la teoria dello « stato ipnotico » e tenta di trovare altre spiegazioni mediante la ricerca empirica.

Che cos'è in realtà l'ipnosi?

Nell'ipnosi abbiamo il fenomeno raro e paradosso che la si può provocare e applicare senza sapere che cosa in realtà essa sia. In altri termini: le conoscenze e le concezioni teoriche dell'ipnotizzatore non hanno importanza. L'importante è saper ipnotizzare e adoperare l'ipnosi. Cioè l'ipnosi si comporta come un apparecchio radio; se ne può servire sia l'esperto di elettronica che chi crede all'« omino che parla nella cassa ».

Gli scienziati non hanno ancora finito di discutere sull'ipnosi. Per i lettori che hanno scarsa dimestichezza col fenomeno vorrei fornire una breve e schematica illustrazione di questo tipo di funzione cosí come mi si presenta nella pratica. Da Freud in poi siamo soliti contrapporre alla coscienza l'inconscio. A loro volta sia il conscio che l'inconscio sono stratificati o strutturati; ma a noi per il momento basta la grossa distinzione fra conscio e inconscio.

Ebbene, durante l'evento ipnotico l'ipnotizzatore addormenta la coscienza. Ciò avviene mediante diverse tecniche: concentrazione su un punto, ripetizione monotona di parole, riduzione degli stimoli esterni e rilassamento del medium et similia. Contemporaneamente l'ipnotizzatore stabilisce un contatto con gli strati inconsci del medium. Questo contatto avviene mediante parole, però giuocano un ruolo anche l'accentuata attenzione e la forte concentrazione dell'ipnotizzatore. Quindi il sonno ipnotico corrisponderebbe in tutto e per tutto al sonno notturno se non esistesse questo contatto fra l'inconscio del medium e l'ipnotizzatore.

Ora, mentre la logica, la ragione, il raziocinio e la razionalità hanno sede esclusivamente nella coscienza, il linguaggio dell'inconscio è costituito dall'immagine e dal simbolo. Però l'inconscio è contemporaneamente centrale di comando e vettore di informazioni di tutti gli eventi organici del corpo che appunto funzionano « inconsciamente ». Quindi, quando tramite l'ipnosi si è riusciti ad escludere la coscienza, le parole, o suggerimenti che siano, si rivolgono direttamente all'inconscio senza passare attraverso il filtro dell'intelletto e della critica. Quindi per l'inconscio ogni suggestione, specie se formulata in forma figurata, è realtà assoluta, come per il sognante rappresenta una realtà assoluta il sogno. Le suggestioni ipnotiche sono sogni artificialmente provocati la cui realtà non può venir valutata dal medium perché le sue facoltà raziocinanti dormono. Perciò in ipnosi è possibile sostituire una determinata « informazione » con un'altra. Questo processo è la base dell'ipnotismo, anzi dell'ipnositerapia. Ciò significa in concreto che in caso di ipotensione arteriosa l'unità d'informazione nell'inconscio che ne è responsabile può venir soppiantata mediante la suggestione soltanto da un'unità d'informazione che provoca aumento della pressione arteriosa.

La psicologia ci insegna che tutte le esperienze vissute vengono immagazzinate nell'inconscio. Però non tutte queste esperienze possono diventare accessibili alla coscienza; in tal caso parliamo di oblío. L'oblío evidentemente è una funzione di difesa che preserva la coscienza dal sovraccarico e la mantiene capace di immagazzinare altre informazioni. Ora, l'oblío non è un fenomeno assoluto, bensí una funzione influenzabile. Sappiamo tutti che un fatto dimenticato può tornare alla memoria. Punto di partenza della psicoanalisi è stata la scoperta di Freud che un fatto dimenticato o « rimosso » — come lo definí piú tardi — mediante determinati metodi può essere riportato alla coscienza.

Nell'ipnosi l'ipnotizzatore, tramite il contatto diretto con l'inconscio del medium, ha pieno accesso al « magazzino » di tutti gli avvenimenti da lui vissuti. Benché nell'inconscio esistano barriere che impediscono a determinate esperienze di emergere, l'accesso viene agevolato dalla caduta del controllo della coscienza. L'aumento della capacità mnemonica è detto ipermnesia.

Però, oltre all'ipermnesia, nell'ipnosi molto spesso vengono anche « rivissuti » avvenimenti del passato. Questo fenomeno, che nella psicoanalisi è noto come regressione, sul piano teorico non è stato ancora completamente chiarito. Forse in seno alla psiche si ha una stratificazione del materiale inconscio non legata al tempo, che permette di vivere il tempo anche a ritroso. Probabilmente il nostro concetto del tempo è inadeguato a spiegare fino in fondo gli eventi psichici.

Ora, indipendentemente da una spiegazione teorica soddisfacente, i due fenomeni dell'ipermnesia e del « revival » costituirono la base dei miei esperimenti.

Mi dispiace molto di aver perso, volente o nolente, i contatti con tutte le persone con cui ho fatto i miei esperimenti. Non avevo ancora uno studio di consultazione. Gli esperimenti si svolgevano in pubblico e i medium scomparivano dal mio campo visivo. Poiché per la maggior parte erano entrati in rapporti con me soltanto perché desideravano partecipare ad esperimenti di psicologia per divertimento, non vedevano la necessità di mantenere tali rapporti. Molti di loro invece si sono dileguati di deliberato proposito; si sono rifiutati di continuare perché spiacevolmente impressionati dal fenomeno; o perché avevano cambiato opinione o erano entrati in un altro « giro ». Io ho rispettato questo atteggiamento in tutti i casi e non ho mai fatto il benché minimo tentativo per legarli a me.

È successa la stessa cosa col medium che mi fornì le prove della reincarnazione il giorno 13 gennaio del 1969 e una settimana dopo, il 20 gennaio. Ecco i due verbali:

Oggi è lunedí 13 gennaio 1969. Stiamo allestendo un esperimento di ipnosi. Sono presenti per il controllo: François-Gilbert K., Rudolf S., Klaus M., Michael R., Ingrid R., Hans F., Alice H., Franz A., Franz-Josef S., Rolf K., Frank Sch. Viene sottoposto all'esperimento Klaus-Peter S., nato a Kulmbach il 28-2-1954. Ipnotizzatore è Thorwald Dethlefsen.

I: ... Adesso conto fino a tre. Quando avrò finito di contare riuscirai a capire tutto quello che ti dirò e saprai rispondere a tutte le domande perché improvvisamente disporrai di una grande quantità di vocaboli. Saprai rispondere alle domande piú difficili. Ciononostante vedrai ogni situazione esattamente come essa è, corrispondente-

mente all'età da me menzionata. Dimmi, quanti anni hai? Uno ... due ... tre.
  M: Uno.
  I: Come ti chiami?
  M: Klaus-Peter S.
  I: Che giorno è oggi?
  M: Il 28-2-1955.
  I: Come ti senti?
  M: Bene.
  I: Quanto sei lungo suppergiú?
  M: Cinquanta centimetri.
  I: Sai, piú o meno, che aspetto hai?
  M: ... Hm ... ho i capelli biondi ... il naso all'insú ...
  I: Dove ti trovi?
  M: ...
  I: In che posto?
  M: Kulmbach.
  I: Ah, sei a Kulmbach e ... eh ... dimmi, dove ti trovi in questo momento? Dimmi con precisione, stai seduto per terra, su una sedia o sei in un'amaca? Dove ti trovi?
  M: Per terra.
(Segue una serie di domande e risposte relative alla descrizione della stanza del bambino).
  I: Retrocediamo ancora, fino alla tua nascita! Il tuo respiro è molto tranquillo e profondo. Tutto il tuo corpo è rilassato e calmo. Non avverti malessere. Ad un tratto rivivrai tutto quello che ti dirò; ma con certo distacco, per potermi descrivere tutto con esattezza. Mi saprai descrivere tutto con esattezza. Mi saprai descrivere con grande precisione tutto ciò che avviene e che stai vivendo perché te lo vedi davanti con molta chiarezza! Però sei come un po' distaccato dagli avvenimenti. Sarà come se tu osservassi un'altra persona, mentre in realtà sei tu stesso. Bene, in questo momento stai nascendo. Come ti senti?
  M: Non bene.
  I: Cosa vedi?
  M: Buio.

I. Cosa senti?
M: Dolore.
I: Quanto sei lungo pressappoco?
M: Hm ... venti centimetri.
I: Sei lungo circa venti centimetri?
M: Sí.
I: Cosa hai addosso?
M: Niente.
I: Dimmi esattamente dove ti trovi!
M: Non lo so ... caverna?
I: Bene, torniamo indietro un altro po', di circa tre mesi; dimmi, per favore, dove ti trovi?
M: Caverna.
I: Cosa vedi?
M: Niente.
I: Come ti senti?
M: Caldo.
I: Come è l'ambiente?
M: Buio.
I: Ti senti bene?
M: Sí.
I: Hai sensazioni sgradevoli?
M: È bagnato.
I: Puoi sentire qualcosa?
M: No.
I: Quanto sei lungo, piú o meno?
M: Dieci centimetri.
I: Bene, torniamo ancora piú indietro, di sei mesi. Dove ti trovi?
M: Caverna.
I: Quanto sei lungo?
M: Hm ... sette centimetri ... sei ... sette centimetri.
I: Retrocediamo ancora, di tre mesi. Dove ti trovi?
M: Caverna.
I: Quanto sei lungo, piú o meno? Fa' pure un paragone!
M: Come un righello corto.
I: Come ti senti?

M: ... hm ... caldo.
I: Riesci a vedere qualcosa?
M: No.
I: Adesso sta' attento. Retrocediamo di altri sei mesi. Mi dovrai descrivere esattamente quello che provi! Torniamo indietro di sei mesi; dove sei?
M: Non so.
I: Quanto sei lungo?
M: Hm ... non ho dimensioni.
I: Hai un corpo?
M: No.
I: Vedi qualcosa?
M: No.
I: Puoi avvertire o percepire uno spazio intorno a te?
M: No.
I: Sai di esistere?
M: No.
I: Come ti chiami?
M: Non ho nome.
I: Come descriveresti le sensazioni che hai in questo momento?
M: Vuoto.
I: Hai qualche altra sensazione? Hai forse una sensazione di pesantezza o di leggerezza?
M: No.
I: Proprio niente?
M: Niente.
I: Puoi spostarti in qualche modo, sia pure soltanto col pensiero?
M: Hm ... non so.
I: Puoi formulare un pensiero?
M: No.
I: Hai coscienza di esistere?
M: No.
I: Adesso sta' attento, adesso devi andare indietro finché nel tuo stato attuale non cambia qualcosa ... finché improvvisamente ti trovi di fronte a una situazione di-

versa da quella che hai descritto, e che puoi descrivere! Torna lentamente indietro fino a quel punto respirando con ritmo tranquillo, profondo e regolare. Non ti è difficile tornare indietro fino ad incontrare il punto che puoi descrivere esattamente!

M: È magnifico ... luce ...
I: Dove sei?
M: In un castello o palazzo.
I: In che paese sei?
M: In Francia.
I: Come ti chiami?
M: ...
I: Su, dimmi il tuo nome!
M: ...
I: Ti verrà in mente subito se conto fino a tre ... uno ... due ... tre!
M: ... non so il mio nome.
I: Va bene, lasciamo perdere, non è importante; sai per caso in che anno siamo?
M: Nel 1883.
I: Quanti anni hai?
M: Oh ... sono molto piccolo ... ancora un lattante.
I: E dici che sei in un castello o in un palazzo?
M: Sí.
I: In che posto è questo palazzo?
M: In una città molto grande.
I: Come si chiama questa città?
M: ...
I: Va bene, non importa, lasciamo ... come?
M: (interrompe) Parigi.
I: Parigi! Veniamo un po' avanti nella tua vita, avanti, tu diventi piú grande, non sei piú un lattante, diventi un bambino ... poi viene l'adolescenza ... hai 14 anni ... hai 14 anni ... dimmi: in che anno siamo?
M: Nel 1897.
I: Come ti chiami?
M: Jean.
I: E poi?

M: Dupré.
I: Sei un ragazzo?
M: Sí.
I: Che aspetto hai? Descrivimi il tuo aspetto.
M: Ho i capelli lunghi!
I: Capelli lunghi! Di che colore?
M: Biondi ... come una femmina.
I: Descrivimi i tuoi abiti!
M: Seta ... e velluto ... stoffe magnifiche, calde ...
I: In che città vivi?
M: Parigi.
I: In che paese è questa città?
M: Francia.
I: Quante stanze ha il vostro castello? È un castello?
M: Sí, è un castello.
I: Come mai abiti in questo castello? Hai un titolo nobiliare, come si chiamano i tuoi genitori?
M: I miei genitori sono baroni.
I: Dimmi il nome esatto dei tuoi genitori!
M: ... non lo so pronunciare ... nome complicato.
I: Immagina di vedertelo davanti scritto da qualche parte, su un'insegna, su un biglietto; riesci a immaginarlo?
M: Hmhm.
I: Lo vedi?
M: Sí.
I: Allora me lo puoi leggere, lettera per lettera, molto lentamente e chiaramente!
M: Di ... u ... pi ... erre ... e ... sotto, una corona.
I: I tuoi genitori sono baroni?
M: Sí.
I: Hai fratelli?
M: No.
I: Sei figlio unico?
M: Sí.
I: Quanti anni hai?
M: Quattordici.
I: Vai a scuola?

M: No, vengono in casa delle persone ... che dicono ... che mi fanno lezione.
I: In quali materie?
M: Francese.
I: Come mai, sai ... è la tua madrelingua?
M: Sí.
I: Perché ti danno lezione allora?
M: Non so ... so ... non so.
I: Studi qualche lingua straniera?
M: No.
I: Mi nomini qualche cosa della città che vale la pena vedere?
M: Hm ... il grande fiume!
I: Mi descrivi un po' dettagliatamente, per favore, il fiume e quello che c'è intorno, in francese però.
M: Hm ...
I: Descrivimelo come se lo descrivessi per iscritto a qualcuno che vive all'estero!
M: ...
I: Quanto è lungo questo fiume?
M: ...
I: È largo?
M: ...
I: Rispondimi!
M: Oui.
I: Come si chiama questo fiume?
M: Senna.
I: Conosci qualche chiesa celebre della città?
M: Non ... Notre Dame?
I: Come si chiama la via nella quale abiti?
M: ...
I: ... è in una piazza? oppure come si chiama il quartiere?
M: ...
I: Quanto costa un viaggio in tram?
M: ...
I: Hm?
M: Pff ...

I: Che c'è?
M: Non esiste tram ... cos'è? Hm ... Ah (ride piano).
I: Chi governa il vostro paese?
M: Re.
I: Come si chiama?
M: Ah, Re Sole.
I: L'hai mai visto?
M: No.
I: Avanziamo un po' ... tu diventi piú grande, compi venti anni ... come ti chiami?
M: Jean Dupré.
I: Come si chiamano i tuoi genitori? Come si chiama tua madre?
M: Charlotte Dupré.
I: Come si chiama tuo padre?
M: Jean Dupré.
I: Ti chiami come tuo padre?
M: ...
I: Dove abitate?
M: Abbiamo appena cambiato casa, non so.
I: In che città abitate?
M: Parigi.
I: Prima dove abitavate?
M: Non so, ero ancora piccolo, abbiamo cambiato casa molte volte; quartieri sempre diversi.
I: Che professione fanno i tuoi genitori? o tuo padre?
M: Non hanno una professione.
I: Perché?
M: Sono nobili.
I: Siete ricchi?
M: Sí.
I: Sicuro?
M: Sí.
I: Tu cosa fai?
M: Niente.
I: Hai un'amica?
M: No.

I: Hai fratelli?
M: No.
I: Hai degli insegnanti?
M: Sí, molti insegnanti.
I: Dimmi il nome dei tuoi insegnanti, molto distintamente.
M: Sí, uno si chiama ... hm ... hm ...
I: Non occorre che sia proprio lui; dimmi il nome di qualche tuo insegnante! Uno che ti viene in mente. Se ne hai parecchi, non è difficile!
M: Non mi viene in mente nessuno ... ahah ... non so.
I: Hai davanti agli occhi un biglietto; se lo giri, in alto ci sono dei nomi. Basta che li leggi! Leggimeli un po'.
M: Hm ... uno si chiama come me ... ma sicuramente non è della nostra famiglia ...
I: Non è barone?
M: No ... però si chiama esattamente come noi.
I: Cosa intendi con esattamente?
M: Si firma cosí.
I: Che aspetto ha?
M: È biondo ... insolenza.
I: Come si chiama ... qual è il suo nome?
M: ... José.
I: Dove abita?
M: Qui vicino.
I: Per favore, dimmi di nuovo in che quartiere abitate.
M: Non so (con sommesso tono irritato).
I: Quando sei nato?
M: Eh ... nel 1883 o qualcosa di simile ... nel 1880 o giú di lí.
I: In che giorno festeggiate il tuo compleanno?
M: Io? Di domenica, io sono nato di domenica!
I: Ricordi la data esatta del tuo compleanno.
M: È stato ... ah sí ... è stato il 18-5 ... eh ... 1882.
I: Tu non sei mai andato a scuola, d'accordo, però

conosci sicuramente il nome di una scuola della vostra città!?

M: Macché, non mi interessa.

I: Tu sai in che giorno sei nato — bene — e mi sai dire in che giorno è nata tua madre?

M: Eh ... ha il compleanno subito dopo di me ... il 20-5-19 ... eh ... ah ... come mai ho detto 19 ... ah 18 ... ah ...

I: Quanti anni ha tua madre suppergiú?

M: 36.

I: E in che anno siamo?

M: Nel 18 ... eh ... no ... 18 ... eh.

I: Tu hai 20 anni?

M: Sí.

I: E sei nato ... mi hai detto?

M: Nel 1882.

I: Bene. In che anno siamo?

M: Nel 1902.

I: Bene, e eh ... dici che tua madre ha 36 anni?!

M: Sí.

I: Sai calcolare quando è nata tua madre.

M: È nata ... eh ... nel 1866 ... cosí, eh ... nel 1866.

I: Bene, e mi sai dire anche la data di nascita di tuo padre?

M: Ah, lui è piú grande di mia madre ... ha 37 anni.

I: E che professione fa tuo padre?

M: Non ha professione!

I: Da dove viene il vostro danaro? il patrimonio?

M: Continuamente ereditato.

I: Mi sai dire il nome di qualche via di Parigi che conosci? Dove abitavate una volta ... o abitate ...

M: Rue de...

I: Bene, lasciamo stare, non è tanto importante. Mi sai dire qualcosa delle grosse istituzioni della città? Il nome di qualche istituzione che conosci.

M: Io sto quasi sempre a casa, queste cose non le so.

I: Avete una bella automobile?

M: (irritato) ... Cos'è?

I: Non avete un'automobile?
M: Ahahah ... cos'è?
I: Una Mercedes 600?
M: Ahahah... cos'è?
I: Avrai degli amici!?
M: Oh ...
I: Dimmene un po' i nomi.
M: Jean, come me.
I: Cognome?
M: Lo chiamo ... lo chiamo solo Jean, non conosco il cognome.
I: È nobile anche lui?
M: Sí.
I: Frequenti solo nobili?
M: Naturalmente (col tono di chi dica: « Che domanda sciocca! »).
I: Di che religione sei?
M: Sono cristiano.
I: Sei cattolico o protestante?
M: Cattolico.
I: Come si chiama il vostro parroco?
M: ...
I: Va bene, non è indispensabile che tu me lo dica. Hai letto qualche libro negli ultimi tempi?
M: No.
I: Mi sai menzionare qualche libro molto popolare in questo momento, che hai letto? Cosa hai in biblioteca a casa? Solo il titolo.
M: Ah ... me ne infischio di quello che fa mio padre.
I: In cucina c'è certamento un barman!?
M: Ahahah ... che roba è?
I: Già che stiamo parlando di cucina. Quali sono i tuoi cibi preferiti?
M: ...
I: Allora, cosa ti piace?
M: Frutti di mare.
I: E poi?
M: Hm ... è tutto, oltre ai dolci.

I: Leggi il giornale?
M: Ah ... che roba è?
I: Adesso ti farò qualche altra domanda; però ti prego di rispondere in francese. Io ti rivolgerò le domande in tedesco; tu però, per favore, rispondimi in francese. Prima avanzeremo un altro po', di cinque anni; tu hai 25 anni. In che anno siamo? Tu hai 25 anni.
M: No ... no!
I: Perché no?
M: Sono morto!
I: Tu sei calmo e stai respirando profondamente. Però dimmi dove sei. Respiri con ritmo calmo e regolare. Adesso mi dirai con tutta calma dove sei.
M: Nel nostro giardino.
I: Cosa ci fai?
M: Niente, niente, niente ... proprio niente.
I: Ti stai distaccando da ciò che vivrai. Vedrai svolgersi tutto davanti a te come in un film, non parteciperai interiormente a quello che vedrai, ma me lo racconterai con tutta calma. Stai respirando calmo e con ritmo regolare. Avanziamo, continuiamo a venire avanti, sempre piú avanti. Tu entri in una nuova vita ... e ti senti bene. Molto, molto bene. Dimmi, come ti senti?
M: Bene.
I: Dove ti trovi?
M: Per terra.
I: Come ti chiami?
M: Klaus Peter S.
I: In che anno siamo?
M: Nel 1955 ... un poco dopo il 1955 (ha parlato poco distintamente).
I: Quanti anni hai?
M: Uno (respira con difficoltà).
I: Ti senti bene, è bello, proprio bello. Adesso continuiamo ad avanzare. Sempre avanti, tu hai tre anni. Hai cinque anni. Continuiamo ad avanzare, hai sette anni. Come ti chiami?
M: Klaus Peter S.

I: Quanti anni hai?
M: Oh, sette.
I: Sai già far di conto?
M: Sí.
I: Di' un po', qual è la radice quadrata di nove?
M: Ah, questo ancora non lo so ... non sono un bambino prodigio.
I: Continuiamo a venire avanti. Tu hai 14 anni. Veniamo ancora avanti. Hai 14 anni; in che anno siamo?
M: Nel 1969. Presto compirò 15 anni.
I: Presto compirai 15 anni. Dimmi un po', mi sai dire che giorno è oggi?
M: Oh, oggi è il 13-1-1969 (l'anno è un po' impreciso).
I: 19 e ... ?
M: (alquanto irritato) ... 69!
I: Bene, giusto! Sai dove sei?
M: Sí.
I: Dove?
M: A Monaco, ah ...
I: Dove ti trovi in questo momento?
M: Hm, divano.
I: Mi sai dire la via?
M: Ah ... A ... Augustenstrasse.
I: Bene. E come ti senti?
M: Oh, benissimo.
I: Fra poco ti sveglierò, e quando sarai sveglio ti sentirai bene come adesso! Molto bene e molto felice. Stai tanto bene e sei cosí felice che non ricordi di esserti mai sentito meglio. E non dimenticherai quello che ti ho detto poco fa, all'inizio del tuo sonno profondo.

Poi abbiamo il secondo verbale, registrato una settimana dopo:
Stiamo allestendo un esperimento di ipnosi. Oggi è il 20-1-1969. Medium è Klaus Peter S., nato il 28-2-1954. Ipnotizzatore: Thorwald Dethlefsen.
Sono presenti in qualità di testimoni: Rolf K., Frank Sch.,

Klaus B., Gilbert K., Bernd S., Tony N., Brigitte S., Ursula H., Max L., Ferdinand M., Bernd E., Alice H., Hans F., Hans Jürgen S., Charlotte K.

(Avviata l'ipnosi ed effettuata la regressione al primo anno di vita, si è svolto il seguente dialogo):

I: Oggi compi un anno. Che giorno è?
M: Il 28-2-1955.
I: Come ti senti?
M: (incomprensibile).
I: Quanto sei alto suppergiú?
M: Circa 52 centimetri.
I: Quanto fa tre per tre, per favore?
M: (silenzio prolungato).
I: Lo sai?
M: No.
I: Dove ti trovi? In che posto?
M: Kulmbach.
I: Retrocediamo ancora, torniamo indietro fino alla tua nascita. Tu respiri molto tranquillamente e profondamente. Il tuo corpo è rilassato e tranquillo! Non avvertirai disturbi, ma ad un tratto rivivrai quello che ti dirò! Con un certo distacco però, per potermi descrivere tutto con precisione — mi saprai descrivere con grande precisione tutto quello che avviene e che tu vivi, perché te lo vedi davanti molto chiaramente — però sei come distaccato dagli avvenimenti — come se stessi osservando un amico; invece sei tu stesso! Bene, in questo momento stai nascendo! Come ti senti?
M: Male.
I: Cosa vedi?
M: Niente.
I: C'è luce o è buio?
M: C'è luce.
I: Cosa avverti?
M: Niente.
I: Quanto sei lungo, piú o meno?
M: Hm, 28 centimetri.
I: 28 centimetri?

M: Sí, piú o meno.
I: Cos'hai addosso?
M: Niente.
I: Dimmi esattamente, per favore, dove ti trovi?
M: Non so!
I: Non lo sai?
M: No — sí — nello spazio.
I: In quale spazio? Che spazio è quello in cui ti trovi?
M: Spazio chiaro.
I: Però non sai che specie di spazio è?
M: No.
I: Allora adesso retrocediamo un altro po' di tre mesi. Dimmi, per favore, dove ti trovi?
M: In una caverna.
I: Cosa vedi?
M: Niente.
I: Come ti senti?
M: Bene.
I: Com'è il tuo ambiente?
M: Buio.
I: Ti senti bene?
M: Sí.
I: Hai sensazioni sgradevoli?
M: No.
I: Puoi sentire qualcosa?
M: No.
I: Quanto sei lungo, piú o meno?
M: Circa 20-25 centimetri.
I: Cosí grande?
M: Sí.
I: Che età hai?
M: Non so.
I: Prova a dirlo.
M: Sei mesi.
I: Bene, retrocediamo ancora — di sei mesi! Dove ti trovi?
M: Di nuovo in una caverna.

I: Quanto sei lungo pressappoco?
M: Non so.
I: Prova a dirlo.
M: Hm ... dieci centimetri.
I: Retrocediamo ancora! Da questo momento respirerai con ritmo molto calmo e profondo e non avvertirai disturbi. Continuiamo a retrocedere, andiamo indietro, indietro! Dove ti trovi?
M: In nessun posto.
I: Che dimensioni hai?
M: Non ho dimensioni.
I: Come?
M: Non ho dimensioni!
I: Sei piccolo?
M: Sí, piccolissimo, molto, molto piccolo.
I: Quanto sei grande; oppure, quanto sei piccolo, piú o meno?
M: Un millimetro.
I: E dove ti trovi?
M: Non so.
I: Ti senti bene?
M: Hm ... non ho sensazioni.
I: Cosa puoi vedere?
M: Niente.
I: Come ti chiami?
M: Non ho nome.
I: Che età hai?
M: Non ho età.
I: Perché?
M: Non so.
I: Parli sempre di « io » — come definiresti questo « io »?
M: Forse bacillo.
I: Come ti viene questa idea?
M: Perché sono piccolissimo!
I: Ti puoi vedere?
M: No.
I: Puoi avvertire le tue dimensioni?

M: (esitando) Sí.
I: Sai distinguere il bene dal male?
M: No.
I: Può succedere che nel tuo stato attuale tu abbia sensazioni spiacevoli?
M: No.
I: Allora è uno stato continuamente piacevole?
M: È qualcosa, come dove???
I: È costantemente, ininterrottamente piacevole questo stato?
M: Non è piacevole, non piacevole (non ...).
I: Allora non è né bello né ...
M: (interrompendo) Sí, proprio cosí.
I: Adesso retrocediamo un altro po', fino a un momento preciso. Ti dicono qualcosa le date?
M: Credo, non so.
I: Secondo te in che anno siamo, piú o meno?
M: Hm ... nel 19 ... hm 36.
I: Cosa sai di particolare di quest'anno?
M: Niente.
I: Cosa è successo?
M: Non so!
I: Sai com'è fatto un essere umano?
M: No.
I: Cosa è un essere umano?
M: Non lo so.
I: Però sai cos'è un elefante!?
M: Macché!
I: Come mai? Non sei mai stato in uno zoo?
M: (sorride).
I: Hm ... dimmi ... dimmelo.
M: (irritato). Ma non so che cos'è uno zoo!
I: Non sai cosa sono gli uomini — ma nel mondo ci sono molti uomini.
M: Non so.
I: Dov'è il mondo?
M: Hm ... non so.
I: Sai cos'è il mondo?

M: No.
I: Come mai?
M: (respira profondamente e dice con tono decisamente arrabbiato) Non so!!!
I: Retrocediamo di una trentina d'anni — riesci a vedere qualcosa?
M: No.
I: No? In che anno siamo?
M: Hm ... nel 1906!
I: Retrocediamo di un anno ... puoi vedere qualcosa?
M: No.
I: Dove ti trovi?
M: Non so.
I: Come ti chiami?
M: ...
I: Come ti senti?
M: Hm ... hm ... morto.
I: Stai respirando con ritmo molto tranquillo e profondo. Adesso mi racconterai in modo assolutamente spassionato quello che ti è successo! Dove sei?
M: In una tomba.
I: Sei in una tomba. Dov'è questa tomba?
M: In un enorme giardino.
I: Dov'è questo giardino?
M: In Francia.
I: In che posto?
M: Parigi.
I: Perché giaci in questa tomba?
M: Perché sono morto!
I: Qual è stata la causa della tua morte? Di cosa sei morto?
M: Sí, sí.
I: Dimmi la causa della tua morte.
M: Oh, mi sono sparato!
I: Ti sei suicidato?
M: Sí.
I: Perché?
M: Hm ... ho tanti debiti!

I: Hai fatto debiti?
M: Sí.
I: Perché?
M: ... non capisco — è successo.
I: Ti puoi vedere?
M: No.
I: Ti senti però?
M: Sí.
I: Quando ti sei sparato? Mi sai dire in che giorno?
M: (esitando) Sí ... quando è stato? ... hm ... nel 1905, sí, è successo poco fa — circa due mesi fa.
I: Prova a dirmi la data esatta, per favore.
M: ...
I: Aspetta, retrocediamo un altro po' — finché ti verrà in mente la data.
M: ...
I: Rifletti un momento. Tutto è tranquillo e immobile, tu ti senti bene, molto, molto bene. Dimmi la data, per favore!
M: Il 17-3.
I: Anno?
M: Sí!
I: Di che anno?
M: Del 1905.
I: Il 17 marzo 1905?
M: Sí!
I: Mattina o pomeriggio? Sera? Notte?
M: Hm ... è sera.
I: Mi sai dire l'ora?
M: Sí — mezzanotte!
I: In un giardino ... che giardino è?
M: Il nostro giardino.
I: Abitano lí i tuoi genitori?
M: Sí.
I: Come si chiamano?
M: Dupré.
I: Il nome di tua madre?
M: Charlotte.

I: Di tuo padre?
M: Jean.
I: Tu come ti chiami?
M: Jean.
I: Quando sei nato?
M: Hm ... nel 1882.
I: Che giorno?
M: (respira con difficoltà) ... non lo so piú!
I: Retrocediamo un altro po' ... di tre mesi — dimmi, dove ti trovi?
M: Hm ... salone.
I: Dov'è questo salone?
M: Ma da noi.
I: Cosa vuol dire da noi?
M: Da noi è da noi!!!
I: Dove, in quale città, in quale paese?
M: (indignato) Parigi!!!
I: Sei francese?
M: Sí.
I: Allora ti prego di parlare in francese! Per favore, adesso rispondi in francese, anche se io ti interrogherò in tedesco! D'accordo?
M: (esprime contrarietà!).
I: Perché no? Se sei francese! D'accordo allora?
M: No!!!
I: Te ne prego!
M: Non voglio!
I: Ah, non sai il francese?
M: No.
I: Perché?
M: Non so.
I: Ma sei francese, l'hai appena detto.
M: Sí!
I: Come mai non sai il francese?
M: Perché ... ah ... non so!
I: Parlano in francese i tuoi genitori?
M: No.
I: Adesso un signore ti rivolgerà una domanda; ti

prego cortesemente e gentilmente di rispondere a questa domanda!
(Il signor Bernd E. gli rivolge alcune domande in francese ma rimangono tutte senza risposta).

I: Perché non rispondi?
M: Non capisco!
I: Ma come parlano i tuoi genitori?
M: In tedesco.
I: Come mai?
M: Non lo so.
I: Ma siete in Francia — come si spiega?
M: Sí.
I: Tu come lo spieghi? Come parli quando esci di casa? Avete certamente amici, conoscenti; loro come parlano?
M: Io con loro parlo in tedesco.
I: Come mai sanno il tedesco?
M: Non so ... perché sanno il tedesco!
I: Vivete a Zurigo?
M: No.
I: No? Dove allora?
M: Parigi!
I: Ah sí! Sei stato certo sulla Tour Eiffel!?
M: No.
I: No?
M: Non la conosco affatto!
I: Come mai?
M: Non so.
I: Dimmi, qual è l'emblema di Parigi?
M: Hm ... Notre Dame.
I: Non ha anche un altro emblema?
M: Hm ...
I: Qualche fatto di rilievo a Parigi?
M: Ah ... questo ... ah, adesso non mi viene in mente!
I: Cosa vuol dire « questo »? Spiega cosa intendi!
M: Grande porta.
I: Ho capito ... come si potrebbe chiamare?
M: Hm ... non so.

I: Si chiama Porta della Vittoria?
M: Sí, credo.
I: Come la chiamano i francesi?
M: ... (riflette).
I: Conto fino a tre, e ad un tratto ti verrà in mente ... uno ... due ... tre!
M: Arc de Triomphe.
I: In che scuola vai?
M: Non vado a scuola!
I: Perché?
M: ... abbiamo tanto danaro.
I: Avete molto danaro?
M: Sí, sí!!!
I: Come mai, che professione fa tuo padre?
M: Non ha una professione!
I: Come mai?
M: Hm ... non ha bisogno di lavorare!
I: Non riesco a capire perché.
M: Perché abbiamo tanto danaro!
I: Ah ... e da dove vi viene?
M: ... ce l'abbiamo proprio!!!
I: Ah sí. ... Quanti anni hai?
M: (dopo aver riflettuto ed esitato a lungo) ... 23 piú o meno.
I: Hai preoccupazioni?
M: No.
I: Sei felice, soddisfatto?
M: Sí, sí.
I: Che aspetto hai? Immagina di essere davanti a uno specchio; descrivimi il tuo aspetto nel modo piú esatto possibile.
M: ... hm ...
I: Cominciamo dall'alto, dai capelli.
M: Sono lunghi.
I: Di che colore?
M: Biondi.
I: Colore degli occhi?
M: Azzurri.

I: Naso?
M: Come, naso???
I: Hai il naso corto, grande, lungo, piccolo?
M: Regolare.
I: Descrivimi il vestito che hai indosso, per favore.
M: ... Gale.
I: Colore?
M: Bianche.
I: Intendo l'intero vestito.
M. Blu.
I: Vorrei tornare a tuo padre; tu dici che non lavora — cosa fa allora?
M: Hm ... mio padre non fa niente.
I: Proprio niente? ... Allora se mi dovessi rivolgere a lui come dovrei chiamarlo?
M: Barone!
I: Come mai barone?
M: Perché è barone!
I: Ah, è barone ... avete dei biglietti sui quali c'è il vostro nome?
M: Sí.
I: Come sono?
M: In alto c'è il nome e poi ... una piccola corona!
I: Una cosa?
M: Corona!!!
I: Quante palle ha questa corona?
M: Sei — credo.
I: Guarda bene! Hai davanti il biglietto, basta contarle!
M: Cinque!
I: Sei sicuro?
M: Non so bene, però sono sicuro che è una corona!!!
I: Adesso conterò fino a tre, e improvvisamente capirai il francese.
M: E se non lo capisco?
I: Aspetta; io conto fino a tre, poi improvvisamente sentirai qualcuno parlarti in francese, e riuscirai a capire!

Rispondi come ti pare, in francese, in tedesco... Uno ... due ... tre ... tu capisci il francese!
(Il signor Bernd E. gli rivolge di nuovo domande in francese).

I: Mi puoi rispondere in tedesco ... non hai capito niente?

M: No.

I: Non fa niente; di che origine sono i tuoi genitori?

M: Ma questo non ha importanza: l'importante è che sono baroni!

I: Proprio per questo lo trovo molto interessante. Non ti hanno mai detto da dove discendono?

M: No.

I: Avete un nome tanto francese e non parlate il francese — nemmeno i tuoi genitori lo parlano?

M: No, parlano in tedesco.

I: Sempre? ... o sanno anche il francese ...

M: Non so, con me parlano sempre in tedesco.

I: Come spieghi il fatto che avete un nome francese, vivete a Parigi e parlate in tedesco? Sono cose che non vanno d'accordo!

M: Forse prima abitavamo in Germania o in un altro paese di lingua tedesca, Svizzera ... Austria ...!

I: Tu dove sei nato?

M: A Parigi!

I: Hai fratelli, o sei figlio unico?

M: Sono figlio unico.

I: Quanto fa due più tre?

M: Cinque!

I: Quanto fa 27 meno 5?

M: 22!

I: Quanto fa 3 e mezzo meno 2 e mezzo?

M: Uno!

I: Qual è la radice quadrata di tre?

M: Non so.

I: Hai paura della bomba atomica?

M: Hm???

I: Hai paura della bomba atomica?
M: Non la conosco.
I: Chi governa il vostro paese?
M: Ma ... una tipa ...
I: Devi pur sapere chi è — sei figlio di un barone, sei istruito — lo sai di sicuro! Sai il nome? Che persona è esattamente? Tu dici « una tipa ... » — è un cancelliere o una regina?
M: Re!
I: Re? Non regina, o cancelliere ...?
M: (ridendo) No!
I: Sei sicuro? Hai visto il re qualche volta?
M: No — non so — non credo! Può darsi ...
I: Sai dove abita?
M: No.
I: Mi sai dire in che via abitate, qual è il vostro indirizzo?
M: Hm ... hm ... non ho indirizzo!
I: Come mai non hai indirizzo?
M: Non so!
I: Descrivimi un po' la casa! È una casa piccola?
M: No, grande!
I: Quanto grande?
M: Hm ... molto grande!
I: Come si chiama questo palazzo?
M: Non so!
I: Mi pare che mi hai detto che avete una Mercedes ...
M: Macché, non l'ho detto!
I: No?
M: No!
I: Ma ne avete una?!
M: No! Cos'è? ...
I: Saprai pure cos'è una Mercedes!
M: Non lo so!
I: Che cosa potrebbe essere, secondo te?
M: Hm ... un uccello.
I: Avete animali?

M: No.
I: Quante persone di servizio avete?
M: Non so.
I: Dimmi il nome di qualche tuo conoscente, di qualche tuo amico che frequenta la casa, persone ...
M: (interrompe) Sí, sí, il precettore!
I: Come si chiama?
M: Si chiama come me — Jean!
I: Cognome?
M: Io lo chiamo soltanto Jean!
I: Va bene, ma saprai pure qual è il suo cognome!
M: Non mi interessa, io lo chiamo Jean.
I: Che aspetto ha?
M: Sí ... assomiglia a me.
I: Hai qualche altro conoscente, un amico, un'amica? Conosci qualche ragazza?
M: (riflette) Adesso non mi viene in mente nessuno!
I: Quanti anni hai, 23 hai detto? Allora avanziamo di un anno. Tu hai 24 anni. È cambiato qualcosa rispetto l'anno scorso? Nella tua vita, intendo ... vivi ancora con i tuoi genitori?
M: Sí.
I: È cambiato qualcosa?
M: Credo di no.
I: Ti piace bere?
M: Sí.
I: Quanto bevi?
M: Dipende.
I: Mi puoi dire quanto bevi il giorno o la sera?
M: Circa due bottiglie di cognac.
I: Due bottiglie di cognac al giorno?
M: Sí.
I: Dove prendi il danaro per procurartele?
M: Non mi occorre danaro — c'è.
I: Cosa, il danaro?
M: No, il cognac.
I: Dove sta?
M: C'è.

I: Dove, in gabinetto?
M: (ridendo) No, in salotto.
I: Com'è il vostro salotto?
M: Molto grande.
I: Grande?
M: Sí.
I: Com'è arredato?
M: Spazioso, non c'è molto dentro.
I: Descrivimi un po' i mobili; come sono?
M: Un grande tavolo ... hm ...
I: Dimmi, è di teak il tavolo?
M: Non so.
I: Veniamo avanti un altro po'. Ti piace ancora bere? Hai molto danaro?
M: Sí.
I: Chi te lo dà?
M: I miei genitori.
I: Quanto ti danno, al mese — alla settimana? Piú o meno ...
M: Diecimila franchi.
I: Ogni quanto?
M: Ogni settimana.
I: Cosa fai col danaro?
M: Giuoco con gli amici.
I: Come si chiamano questi amici?
M: Il mio precettore.
I: Il tuo unico amico.
M: Sí.
I: E tu sprechi cosí il tuo danaro?
M: Sí, sí.
I: Esci, vai fuori, vedi Parigi?
M: No, poco ...
(breve interruzione nella registrazione)
I: Bevi ancora?
M: Sí.
I: Come stai finanziariamente?
M: Non bene.
I: Perché?

M: Non mi danno piú soldi.
I: Perché?
M: Non so.
I: Una ragione ci deve pur essere! La devi sapere ...
M: Non andiamo piú d'accordo.
I: Dove abiti?
M: Sempre nel palazzo.
I: Parli ancora con i tuoi genitori?
M: No.
I: Ti piace ancora bere?
M: Sí.
I: Come ti procuri da bere?
M: Me lo procura il mio amico.
I: Gratis?
M: Sí.
I: Te lo regala?
M: Va a prenderlo in salotto.
I: Ah, ho capito, in salotto! È cognac di vostra proprietà?
M: Sí, sí.
I: È il tuo precettore?
M: Sí.
I: Quanti anni ha?
M: È un po' piú grande di me. Ha suppergiú 28 anni.
I: Hai detto che le cose non ti vanno piú tanto bene.
M: Sí (tormentato).
I: Hai bisogno di danaro?
M: Sí.
I: Perché? Per che cosa ti serve?
M: Senza danaro non posso vivere.
I: Eppure hai tutto. Vivi in casa. Hai da bere. Per che cosa ti occorre?
M: Ne ho bisogno. Se non ce l'ho in mano mi sento male.
I: Stai male?
M: Sí.

I: Di cosa soffri?
M: Hm ... Non so (poco distintamente e in modo poco comprensibile): in basso (?) qualcosa.
I: Stai respirando con ritmo molto tranquillo e regolare. Adesso avanzeremo molto rapidamente, andremo in fretta, ma non ti darà fastidio; come in volo ... continueremo ad avanzare. Veniamo avanti. Dimmi, dove ti trovi?
M: Sotto terra.
I: Hai un corpo?
M: Sí.
I: Dove ti trovi?
M: In un giardino.
I: Avanziamo nel tempo finché sopravviene un mutamento, che mi descriverai! Veniamo avanti, avanti fino a quel momento.
M: Misero.
I: Misero cosa?
M: L'ambiente.
I: Dove ti trovi?
M: A casa.
I: Come ti chiami?
M: Klaus Peter S.
I: Quanti anni hai?
M: Sono appena nato.
I: In che città ti trovi?
M: A Kulmbach.
I: Continuiamo ad avanzare, veniamo avanti, avanti, tu hai un anno, hai due anni, hai cinque anni, hai sette anni, hai dieci anni; in che anno siamo?
M: Nel 1964.
I: Come ti chiami?
M: Klaus Peter S.
I: Veniamo ancora avanti — hai dodici anni, hai quattordici anni. In che anno siamo?
M: Nel 1969.
I: Che mese è?
M: Gennaio.
I: Sai il giorno?

M: Sí, sí, il 21.
I: Sei sicuro?
M: Sí.
I: Sai dove ti trovi?
M: Sí, sí; nell'Augustenstrasse.
I: Sai cosa ti è successo?
M: Sono immerso in un sonno ipnotico.
I: È profondo o leggero questo sonno?
M: Profondo.
I: Molto profondo?
M: Medio.
I: Ti senti bene?
M: Sí.

Il medium viene svegliato. Fine della seduta.

Alcuni anni dopo, il 3 agosto 1972, in una casa privata feci la conoscenza di Konrad H., uno studente di 20 anni che si rivelò un buon medium. Alcuni dei presenti che erano al corrente dei miei esperimenti di reincarnazione mi incoraggiarono a provare a far retrocedere fino ad una vita precedente anche il signor Konrad H.. Il Signor Konrad H. non sapeva niente dei miei esperimenti e si dichiarò disposto a sottoporsi alla seduta senza sospettare nulla. Nel corso di questa seduta, dopo la consueta introduzione, fu registrato il seguente dialogo:

I: Retrocediamo ancora di un anno; tu hai due anni; come ti senti?
M: Bene.
I: Quanti anni hai?
M: Due.
I: Retrocediamo di un altro anno; hai un anno; come ti chiami? (pausa) Come ti chiami? Tu sai rispondere ad ogni mia domanda — parla!
M: (tace)
I: Quanti anni hai?

M: Uno.
I: Ti dà fastidio qualcosa?
M: No.
I: Come ti senti?
M: Normale.
I: Bene?
M: Sí.
I: Stai diventando sempre piú giovane e io ti riporto sempre piú indietro però capisci ogni domanda e sai rispondere a tutto perché hai a disposizione un enorme numero di vocaboli. Respiri con ritmo molto tranquillo e profondo; tutto il tuo corpo è rilassato e calmo. Nulla ti darà fastidio; ti sentirai bene, ad un tratto rivivrai tutto quello che ti dirò; lo rivivrai con un certo distacco, in modo da potermelo descrivere. Mi descriverai con grande precisione tutto ciò che avviene e che vivi, perché te lo vedi davanti molto chiaramente. Però sei come distaccato dai fatti; sarà come se tu osservassi un'altra persona, mentre in realtà sei tu stesso. Retrocediamo ancora, torniamo indietro, fino alla tua nascita. Stai nascendo in questo momento. Come ti senti?
M: Ho freddo.
I: E poi?
M: È chiaro.
I: Che altro percepisci? Hai sensazioni sgradevoli?
M: No (come oppresso).
I: Retrocediamo un altro po', torniamo indietro di altri tre mesi; come ti senti?
M: Bene.
I: Dove ti trovi?
M: Buio.
I: Cosa senti?
M: Caldo.
I: Come ti chiami? (pausa). Non lo sai?
M: No.
I: Non fa niente. Quando ti chiedo qualcosa che non sai, di' pure: non so. Ti dà fastidio qualcosa?
M: No.

6 Anni:

Das Essen schmeckt gut.

Konrad

8 Anni:

Konrad

10 Anni:

Konrad

14 Anni:

Konrad

18 Anni:

Konrad

20 Anni:

Konrad

Questi nomi sono stati scritti da Konrad H. nel corso di una seduta di ipnosi nelle diverse età suggerite.

I: Di' pure tutto quello che vuoi. ... Torniamo indietro di altri sei mesi; dove ti trovi? Dimmi, vedi qualcosa?
M: Buio.
I: Ti dà fastidio?
M: No.
I: Vedi qualcosa?
M: Galleria.
I: Una galleria? E che altro? Tu sei molto tranquillo. Sei un po' distaccato da tutto ciò che vivi, piú che avvertire, vedi. Perciò mi sai descrivere esattamente quello che vivi, senza troppa partecipazione. Avverti un certo distacco da ciò che vivi. Ti sembrerà di osservare un altro, invece sei tu stesso. Quindi sei molto tranquillo e sai rispondere a tutto spassionatamente. Stai bene e respiri con ritmo profondo e regolare. Che altro vedi? Cosa avverti? Cosa percepisci?
M: Sto attraversando una galleria.
I: Torniamo indietro di sei mesi. Tu sei molto tranquillo, respiri con ritmo calmo e regolare; stai bene. Come ti senti?
M: Leggero.
I: Adesso ti prego di tornare indietro col pensiero finché incontri un fatto nuovo, descrivibile in qualche modo, che si può rendere con le parole. Devi tornare indietro col pensiero alla ricerca di qualcosa di nuovo. Appena trovi qualcosa di nuovo, me lo devi dire subito e farmene la descrizione. Torni indietro col pensiero e mi saprai dire e descrivere tutto ciò che proverai. Hai già trovato qualcosa?
M: Un albero.
I: Un albero?
M: Luce.
I: E una luce? Come ti chiami?
M: Non so.
I: Quanto sei alto?
M: Un metro e sessanta.
I: Dove ti trovi?

M: Sotto un albero.
I: Dov'è quest'albero? Tu che aspetto hai?
M: Ho addosso un vestito verde.
I: In che anno siamo? Se non lo sai non hai che da dire: non lo so.
M: Seicento.
I: Seicento — in che paese sei?
M: Nessun paese.
I: Dove allora? Città, località?
M: Campo Nero.
I: Campo Nero? Perché nero?
M: Non riesco a distinguere niente di particolare.
I: Cosa mi sai dire di te?
M: Sto sotto un albero.
I: Hai un mestiere?
M: No.
I: Cosa stai facendo?
M: Suono.
I: Cosa?
M: Chitarra – mandolino
I: Come ti chiami? Come ti chiamano?
M: Cacciatore.
I: Ti chiamano cacciatore? Però devi avere un nome ...! Quando ti chiamano come dicono? Come ti senti?
M: Bene.
I: Non hai un nome?
M: Tulli.
I: Tulli? Sai leggere?
M: Sí.
I: Dimmi il tuo nome lettera per lettera.
M: T u l l i.
I: In che anno siamo? Tu sei molto tranquillo e respiri con ritmo calmo e regolare.
M: Seicento.
I: Seicento esatto?
M: Sí.
I: Come si chiama il vostro re, o imperatore? Di chi sei al servizio?

M: Libero.

I: Cosa libero? Non lo sai? Conto fino a tre e lo saprai. ...Uno ... due ... tre.

M: Enrico.

I: Enrico? In che paese ci troviamo, in che stato? In quale territorio? Come si chiama il luogo in cui vivi? Lo sai ... uno ... due ... tre ... lo sai.

M: Danubio Nero

I: Danubio Nero? E tu sei cacciatore — ti chiami Tulli — stai sotto un albero e suoni la chitarra. Adesso avanziamo, veniamo avanti, per noi il tempo non ha importanza. Veniamo avanti, ancora, ancora, fino ad un anno che si chiama 1952. Tu stai nascendo, sei il piccolo Konrad perché siamo già nel maggio del 1952. Ti chiami Konrad H., ti senti bene e dormi profondamente. Adesso siamo nel 1954; quanti anni hai?

M: Due.

I: Come ti chiami?

M: Non so.

I: Veniamo avanti di altri due anni; siamo nel 1956. Quanti anni hai?

M: Quattro.

I: Come ti chiami dunque?

M: Konrad.

I: Come ti senti?

M: Bene.

I: Veniamo avanti, avanziamo di due anni; hai sei anni; vai già a scuola?

M: Sí.

I: Avanziamo ancora; hai otto anni. Come ti chiami?

M: Konrad H.

I: Oggi compi otto anni. Che anno è?

M: Il 1960.

I: Che giorno della settimana?

M: Mercoledí.

I: Veniamo avanti fino a che compi dieci anni. Veniamo avanti; hai dodici anni. Avanziamo ancora, hai quattordici anni. In che classe vai?

M: Terza.
I: Come si chiama la tua scuola?
M: ... Ginnasio.
I: Come ti senti?
M: Bene.
I: Veniamo avanti di altri due anni; hai sedici anni; avanziamo ancora; hai diciotto anni; ancora; tu hai venti anni. Oggi è il 3 agosto 1972; tu sei in posizione orizzontale, stai dormendo e ti senti bene, infinitamente bene, molto bene, felice e soddisfatto; sei immerso in un sonno profondo; adesso io non ti parlerò per alcuni minuti e questo sonno profondo ti ristorerà; tutto il tuo sistema nervoso si ristorerà; le tue braccia sono pesanti e piacevolmente calde; tutto il tuo corpo si sta riscaldando, e questa sensazione è piacevole. (Fine del nastro).

Purtroppo la lettura dei verbali non comunica neanche la metà delle sensazioni che destano le sedute. Ascoltando le registrazioni si avverte di piú l'atmosfera carica di tensione. Ma le sedute stesse sono tanto emozionanti che ogni volta che i medium sono di nuovo svegli e ridono tranquilli io tiro un sospiro di profondo sollievo.

Molti fra quanti sono venuti a conoscenza dei miei esperimenti si sono meravigliati del fatto che io non abbia continuato a farli e che quindi oggi non possa esibire una casistica di centinaia di esperimenti. Sollecitato da queste richieste, devo ammettere che non mi piace affatto fare questi esperimenti. Benché per me l'ipnosi rappresenti da anni un lavoro di routine, gli esperimenti di reincarnazione invece non lo sono mai diventati. Ogni volta mi sento preso da una tensione indescrivibile.

Né va trascurato l'aspetto giuridico della cosa. Io ai miei medium, se non voglio privare di credibilità i risultati, non posso dire nulla prima dell'esperimento che intendo fare; perciò non posso chiedere loro l'autorizzazione a farlo. I quattro esperimenti con i due soggetti qui riportati non sono il risultato di uno studio programmato del problema della reincarnazione; al contrario. Solo la mia curiosità e insieme alcune circostanze fortunate mi hanno condotto, del tutto casualmente, su un terreno che non ho potuto né cogliere né sviluppare appieno sul piano teorico.

Il mio pensiero si muoveva entro i limiti della teoria freudiana dell'inconscio, di alcuni principii del comportamento e di un ateismo psicologico — cioè su uno sfondo che mi rendeva difficile far rientrare nel quadro i fenomeni che andavo scoprendo. Sentivo quindi l'urgenza di risolvere il contrasto esistente fra le mie scoperte e le mie opinioni.

Il primo tentativo di spiegare i miei esperimenti con l'aiuto delle teorie psicologiche a me note non mi ha portato lontano — lo confesso onestamente. Ho preso in esame tutto quanto esiste in materia — esperimenti e teorie — e sono rimasto stupito nel constatare di non essere il solo a trovarmi di fronte a questo problema. Ho scoperto un enorme numero di relazioni, che sembrano dimostrare tutte la stessa cosa: Esiste una vita dopo la morte. La nostra esistenza non è un episodio che non si ripete, ma una continuità che obbedisce a leggi delle quali fino a quel momento non sapevo nulla. Da questo « mare » di relazioni di cui sono venuto a conoscenza vorrei estrarne alcune particolarmente suggestive.

3. Il caso Bridey Murphy

Intorno alla metà degli anni '60 Richard Swink, un giornalaio di 19 anni di Schorne/Oklahoma, si sparò. Nella lettera di addio trovarono scritto che aveva letto un libro sulla reincarnazione e voleva accertarsi di persona della veridicità di quella teoria.

Si trattava del libro dell'ipnotizzatore dilettante Morey Bernstein « The Surch for Bridey Murphy », del 1956. In esso Bernstein descriveva come mediante l'ipnosi aveva riportato la massaia americana Ruth Simmons (pseudonimo di Virginia Tighe) ad una vita precedente nella quale la donna era stata Bridey Murphy, una ragioniera irlandese, figlia di contadini, vissuta nel secolo scorso.

La medium, che non era mai stata in Irlanda, sotto ipnosi menzionò dettagli della vita rurale irlandese che dopo faticose ricerche sono stati in parte confermati. Però la reale esistenza di Bridey Murphy fu dimostrata soltanto frammentariamente.

Tuttavia il libro di Bernstein scatenò veri e propri fenomeni di isterismo. Nei soli Stati Uniti ne fu venduto un milione di copie. Le riviste che pubblicavano lettere di lettori a favore o contro raggiunsero tirature enormi. I verbali di Bernstein furono venduti sotto forma di dischi. Poi vennero composte perfino Bridey-Murphy-songs (canzoni).

Il numero dei circoli di ipnosi crebbe a dismisura e in molti ambienti era ritenuto chic figurare come la reincarnazione del proprio io. La discussione si propagò all'intero paese e poi anche all'Europa. Questo libro mi incoraggiò a proseguire i miei esperimenti. Era una rivelazione.

La dottrina della reincarnazione è venuta dall'Asia e ha dominato i piú grandi spiriti dell'Occidente.

Pitagora ad esempio ricordava tre vite precedenti. Ovidio asseriva di essere già vissuto durante la guerra di Troia, l'imperatore Giuliano si riteneva una reincarnazione di Alessandro Magno. Novalis ricordava una vita all'epoca di Cristo e Stefan George una vita nell'antica Spagna. Erano seguaci della dottrina della reincarnazione anche Platone, Plotino, Giordano Bruno, Spinoza, Milton, Swinburne, Rossetti, Goethe, Scott, Schopenhauer, Victor Hugo, Ibsen, Huxley e molti altri. A titolo di dimostrazione riportiamo alcune citazioni:

> Rousseau
> *Durante la nostra vita terrena noi uomini viviamo a metà; la vera vita dell'anima comincia solo con la morte del corpo.*
>
> Orazio
> *Non morrò mai del tutto; si sottrae alla tomba una parte essenziale di me.*
>
> Cicerone
> *La morte non è un tramonto che cancella e distrugge tutto ma un passaggio: una migrazione e l'inizio di un'altra vita. Per ogni vita è certa l'eternità.*

Schelling
Morendo non facciamo altro che passare — per dirla con linguaggio figurato — dall'« aldiquà » nell'aldilà, cioè da un'esistenza in un'altra.

Molti dei sostenitori delle dottrine testé menzionate erano poeti e filosofi, ai quali si può rimproverare un eccesso di fantasia. In tali casi gli psicologi parlano di « ricordo spurio ». Tuttavia, dalla fine del secolo scorso, si occupano del problema della reincarnazione anche gli scienziati, fra i quali numerosi medici.

Il solo medico svedese John Björkhem ha raccolto circa seicento casi. In molti di questi si può escludere nel modo piú assoluto che la precedente vita del medium possa essere interpretata come puro e semplice « atto di fantasia ».

Basta citare tre esempi tratti dalla sua casistica.

Primo esempio: Sotto ipnosi un'insegnante di educazione fisica inglese parla in antico egiziano, in un dialetto in uso probabilmente all'epoca della XVIII dinastia.

Secondo esempio: Un'Americana in stato di trance parla — con stupore dei filologi — una lingua orientale pressoché scomparsa che risale a 1.000 anni fa.

Terzo esempio: Un certo Mirabelli, che non ha mai studiato lingue diverse, sotto ipnosi scrive in 28 lingue e dialetti diversi.

4. Il caso Shanti Devi

Il piú celebre caso di reincarnazione vi è verificato in India. Riporto in sunto la relazione originale che nel 1936 fu pubblicata col titolo «A Case of Re-Incarnation» con una prefazione del Prof. M. Sudhaker della National University di Lahore. Nel 1956 la parapsicologa Dr. Gerda Walter la tradusse in tedesco e la pubblicò nella rivista «Neue Wissenschaft»:

«Fino al quarto anno di vita Shanti Devi praticamente non parlò come se fosse muta. Poi ad un tratto si mise a raccontare dettagliatamente tutto quello che aveva fatto a Muttra in passato, come si vestiva ecc., e disse che apparteneva alla casta dei Choban e che suo marito col quale era vissuta in una casa gialla era commerciante di tessuti.

Sulle prime i genitori non ci fecero caso: pensavano si trattasse di fantasticherie infantili. Ma Devi non si scoraggiò e continuò a ripetere che doveva andare a Muttra. Però fino al 1933 non fece mai il nome del suo precedente marito perché è sconveniente che una donna indú ben educata nomini il marito di fronte a sconosciuti. Poi venne a conoscenza del fatto il suo prozio Bishan Chand, insegnante presso la Scuola Ramjas di Delhi, e le promise che sarebbe andato a Muttra con lei se gli rivelava il nome del suo precedente marito. Allora lei gli disse che si chiamava « Pandit Kedar Nath Choubey ».

L'insegnante raccontò il fatto al proprio direttore, che senza indugio riferí la cosa a Kedar Nath Choubey. Con loro grande sorpresa questi rispose che erano veri tutti i dettagli. Proponeva che Kanji Mal Choubey, un suo cugino che era impiegato in un ufficio di Delhi, parlasse con la bambina. Nel medesimo tempo pregò suo cugino di andare a trovare la piccola. L'incontro ebbe luogo in presenza di testimoni.

Shanti Devi riconobbe subito il visitatore dicendo che era « il cugino, piú giovane, di suo marito » della vita precedente e fece di nuovo il nome di Kedar Nath. Senza che le fossero state rivolte domande in tal senso dichiarò — notizia esatta — che suo marito aveva un solo fratello piú grande di lui, che mentre lei era in vita suo suocero non era ancora morto e che lei lo avrebbe riconosciuto; descrisse la sua casa di Muttra e un negozio di verdure davanti alla stessa. Disse di aver avuto una figlia o un figlio, eccetera.

In seguito a questo colloquio Kanji Mal Choubey si convinse dell'autenticità del ricordo e comunicò la cosa a Kedar Nath, che il giorno 13-11-1935 si recò a Delhi da Shanti Devi col suo figliolo di 10 anni e la sua seconda moglie. Shanti Devi lo riconobbe e proruppe in lacrime appena lo vide. Anche Kedar Nath, dato il modo in cui lei rispondeva alle sue domande, si commosse fino alle lacrime. Dichiarò di essere pienamente convinto che l'anima della sua defunta moglie si era reincarnata in Shanti Devi. Questa, benché avesse soltanto nove anni, nei confronti del ragazzo decenne si comportava come una madre. Due giorni dopo, quando ripartirono, Shanti Devi voleva andar via con loro, ma i suoi genitori glielo impedirono.

Shanti Devi continuò a pregare insistentemente i genitori di accompagnarla a Muttra. Diceva che avrebbe trovato la strada dalla stazione alla casa di un tempo, sebbene questa ne distasse parecchio. Alla fine, i testimoni ottennero il permesso di andare a Muttra con la bambina, i suoi genitori e altri dieci testimoni, fra i quali un fotografo: la bambina veniva osservata continuamente.

Shanti Devi non stava in sé dalla gioia. Partirono il 24-11-1935. Mentre il treno si avvicinava a Muttra, osservò in dialetto, il tipico dialetto di Muttra, che al loro arrivo il tempio sarebbe stato già chiuso (voleva offrire al tempio parte dei suoi risparmi). Quando il treno entrò a Muttra esclamò di nuovo in dialetto: «Muttra agai!» (Questa è Muttra). Mentre scendevano la gente venne tenuta lontana il piú possibile. Un uomo attempato, vestito alla foggia caratteristica di Muttra, che lei non aveva mai visto prima, avanzò alla testa di un gruppo di persone. Shanti Devi fece un balzo verso di lui, toccò i piedi dello sconosciuto con profonda reverenza e gli si pose a lato. Interrogata in proposito, spiegò che era il suo «Jeth» (il fratello, piú grande, di suo marito). Si trattava effettivamente di suo cognato Babu Ram Choubey.

Fuori della stazione i testimoni presero un taxi scelto da loro e ordinarono al conducente di attenersi scrupolosamente alle indicazioni della bambina, che fu fatta sedere accanto a lui. Lei guidò la macchina direttamente alla Porta Santa e rispose in modo corretto a tutte le domande sugli edifici e sulle strade che attraversavano; disse per esempio che precedentemente una determinata strada non era asfaltata, che determinate case non c'erano ancora ecc. In corrispondenza di una stradina trasversale, fece fermare il taxi per andare a casa. Strada facendo salutò con reverenza un bramino settantacinquenne chiamandolo suocero.

Shanti Devi ritrovò senza difficoltà la «sua» casa di un tempo, sebbene non fosse piú dipinta di giallo e fosse stata affittata ad altre persone.

Trovò anche quella che era stata la sua stanza in un'altra casa di Kedar Nath, dal quale si arrivò per via indiretta. Inoltre indicò il punto del cortile in cui si trovava una fonte che aveva sempre menzionato, ma che era chiusa da un pietra. Poi si recò al primo piano e indicò la « sua » stanza, che dovette venir aperta.

In un angolo indicò il posto nel quale doveva essere nascosto il suo « tesoro ». Rimase male perché vi trovarono soltanto una cassetta vuota. Piú tardi Kedar Nath confessò di essere stato lui ad asportarne il tesoro dopo la morte della moglie.

Riconobbe anche la sua casa paterna e in mezzo a una cinquantina di persone individuò anche i suoi genitori precedenti. Riconobbe con un grido di gioia anche il grande tempio di Dvarkadhish. Inoltre per la strada riconobbe il proprio fratello, che in quel momento aveva 25 anni, e un altro zio di suo marito.

Ecco le date delle due vite:

Prima vita:

nata il 18 gennaio del 1902
nome: Lugdi
data di nascita del figlio: 25 settembre 1925
morte (in puerperio): 4 ottobre 1925, ore 10

Seconda vita:

nata il 12 ottobre del 1926
nome e indirizzo del padre attuale:
B. Rang Bahadur di Mohalla Cheerakhana, Delhi

5. Il caso Imad Elavar

Il seguente caso fu esaminato e dettagliatamente descritto nel libro «Twenty Cases Suggestive of Reincarnation» dallo studioso americano Jan Stevenson dell'Università della Virginia. Eccolo brevemente riassunto:

Il giovane Imad Elavar, nato nel dicembre del 1958 a Kornayel nel Libano, all'età di soli due anni sosteneva di essere già vissuto un'altra volta e riferiva su fatti e persone della vita precedente. Le prime parole che pronunciò furono «Jamile» e «Mahmoud», due nomi che non ricorrevano affatto nella sua famiglia. Inoltre raccontava insistentemente di un incidente stradale nel quale un uomo era stato investito da un camion, aveva perduto tutte e due le gambe e poco dopo era morto. Chiedeva di continuo ai genitori di accompagnarlo a Khirby, un villaggio a una trentina di chilometri da Kornayel, dicendo di esservi vissuto nella sua vita precedente come membro della famiglia Bouhamzy.

Un giorno, mentre passeggiava con sua zia, Imad improvvisamente corse verso uno sconosciuto e lo abbracciò. E quando questi gli chiese sorpreso: « Mi conosci? », il ragazzo rispose: « Sí, eri il mio vicino ». Lo sconosciuto era effettivamente di Khirby. Questo fatto impressionò anche il padre di Imad, che fino allora non aveva creduto al figlio pensando che mentisse. Però i genitori non cercarono direttamente di accertare la veridicità di quanto Imad affermava.

Nel 1962 il Prof. Stevenson venne a conoscenza del caso Imad e dei suoi ricordi di una vita precedente. Si fece raccontare tutti i particolari di questi ricordi e poi andò a Khirby col ragazzo. Al controllo, di 47 dichiarazioni di Imad sulla sua vita precedente ne risultarono esatte ben 44; durante la visita a Khirby il ragazzo menzionò altri 16 particolari, 14 dei quali si rivelarono esatti. Dai controlli a Khirby emerse quanto segue: Le affermazioni di Imad su fatti e persone della sua vita precedente, nonché la descrizione della casa collimavano perfettamente con gli avvenimenti della vita di un certo Ibrahim Bouhamzy.

Ibrahim aveva avuto un'amante di nome Jamile. Era morto di tubercolosi nel 1949, all'età di 25 anni. Era stato camionista ed era stato implicato in numerosi incidenti. Nel 1943 Said, suo cugino ed amico, era stato investito da un camion e nell'incidente aveva perduto tutte e due le gambe. Era morto poco dopo un intervento chirurgico con il quale avevano tentato inutilmente di salvargli la vita. Questa disgrazia, che era costata la vita al suo amico Said, aveva molto addolorato Ibrahim. L'uomo che Imad aveva abbracciato per la strada era stato il vicino di Ibrahim. Imad sapeva come era arredata la sua casa prima della morte di Ibrahim. Seppe addirittura riferire con precisione le parole pronunciate da Ibrahim poco prima di morire.

6. Il caso Barbro Karlén

Del caso piú recente di ricordo di una vita precedente si sta occupando attualmente il pubblico svedese. Nella primavera del 1973 destò scalpore la confessione della giovane scrittrice Barbro Karlén pubblicata dal settimanale «Min Wärld»: «Nella mia vita precedente ero Anna Frank!».

Inoltre diceva: «Ricordo la mia vita precedente esattamente come in questa vita si ricorda la propria infanzia; è una cosa semplice e naturale. So di essere stata Anna Frank da quando avevo due anni. Però non posso dimostrarlo. Chi mi crede mi crede, chi pensa che la reincarnazione sia una menzogna resti pure delle sue idee».

Barbro Karlén, nata nel 1955, cominciò a stupire quanti le stavano intorno da quando era molto piccola. Parlava benissimo già all'età di un anno. A due anni poi si mise a raccontare cose strane che i genitori non capivano. Maria

Karlén la madre di Barbro raccontava per esempio che durante una passeggiata la bambina improvvisamente si era messa a saltellare per la strada. Al richiamo della madre: «Barbro non saltare per la strada!», la piccola si era girata e aveva detto: «Io mi chiamo Anna!». La madre le aveva chiesto: «E poi?». E la bambina le aveva risposto senza esitazione: «Frank». Alla madre che sosteneva che si chiamava Barbro, la piccola aveva replicato: «Ma io sono tutte e due. L'altra volta vivevo con un'altra mamma. Ma non ci sono rimasta per tanto tempo». Nel 1965, quando Barbro aveva 10 anni, i genitori andarono ad Amsterdam insieme a lei. Barbro volle visitare la casa di Anna Frank. Si oppose al desiderio del padre di andarci in taxi sostenendo di essere capace di trovare la strada a piedi. Effettivamente la bambina guidò i genitori alla casa di Anna Frank per la via piú breve. Parlando di questa prima visita Barbro in seguito raccontò: «Quando arrivammo sul retro della casa mi sembrò di svenire. Mi sentii sopraffare di nuovo da tutta l'angoscia e da tutta la disperazione che vi avevo sofferto. Per non gridare dovetti uscire. Avevo l'opprimente sensazione che quanti mi stavano intorno avrebbero capito subito chi ero in realtà».

A scuola Barbro impressionò il suo insegnante Atle Burman per la sua precocità e in particolare per il suo straordinario talento nel comporre. A sei anni scrisse le sue prime poesie, a sette il suo primo libro! Sicché, grazie a una serie di pubblicazioni notevoli, fu definita ben presto un *enfant prodige*.

Non si può fare a meno di pensare al diario di Anna Frank nel quale la quindicenne Anna esprime in modo tanto incisivo il desiderio di diventare scrittrice.

È impressionante persino la somiglianza fisica fra Anna e Barbro.

In Svezia si discute tuttora intorno al caso Barbro Karlén; i fatti comunque sembrano provare che anche questo caso è un autentico esempio di ricordo di una vita precedente.

Lo studio approfondito di tutte queste relazioni — quelle qui riportate non rappresentano che un piccolo « campionario » — mi ha convinto dell'autenticità del fenomeno della reincarnazione. Mi sono reso conto che i dubbi sulla dottrina della reincarnazione sono dovuti soltanto a scarsa informazione. Tuttavia, piú aumentava in me la certezza, piú forte mi si palesava il contrasto con le mie opinioni e le mie conoscenze precedenti.

Come accordare con la corrente concezione del mondo il fenomeno della reincarnazione? Comunque la girassi e la voltassi, le contraddizioni restavano, e clamorose. Allora cominciai a mettere in dubbio la concezione del mondo tradizionale, quella che dobbiamo ai naturalisti — decisi di non credere piú in essa solo perché consegnataci cosí dall'autorità. Diventai scettico, decisi di credere solo ed esclusivamente in ciò che l'esperienza mi aveva rivelato. Cercai vie nuove e in questa ricerca mi imbattei in vie molto antiche: antichissime dottrine filosofiche orientali, campi dello scibile che oggi vengono tacciati di occultismo e superstizione. Mi si aprirono dinanzi mondi sconosciuti. Avvertivo con sempre maggior chiarezza la discrepanza fra questa scienza antichissima che abbracciava tutto, queste immani conoscenze di correlazioni e leggi, e la nostra scienza ufficiale materialistica, che in realtà brancola nel buio e perciò è infinitamente fiera di ogni « granello » che scopre per caso.

Da questa attività piano piano hanno preso forma alcuni punti nodali — campi di ricerca che mi sembrava valesse la pena approfondire meglio.

In psicologia ho scoperto le opere di C.G. Jung, grande pensatore che ha posto le sue ricerche al servizio della scienza, ma che essa non ha ancora riconosciuto e capito. Inoltre avvertivo con sempre maggior chiarezza l'importanza centrale dell'astrologia. Allora ho cercato di addentrarmi ulteriormente in questo complesso settore per le vie piú disparate. Successi parziali, confusione: in astrologia ci sono scuole e metodologie diverse, i cui diversi sistemi pongono l'esordiente di fronte a qualche difficoltà. Dopo prolungati tentativi a casaccio ho avuto la grande fortuna di diventare allievo di Wolfgang Döbereiner, uno dei maggiori astrologi del nostro tempo, che nella sua ultraventennale attività partendo dalle teorie astrologiche tradizionali ha sviluppato un sistema nuovo, la « Münchener Rhythmenlehre » *. Questo sistema si differenzia da quelli delle altre scuole non solo per il suo alto livello, ma soprattutto nei due seguenti punti essenziali:

1. La struttura gerarchica dei simboli, sconosciuta nelle altre scuole, che consente interpretazioni di una precisione e di un'esattezza inimmaginabili; e

2. il valore delle correlazioni. Döbereiner attribuisce importanza al riconoscimento e alla comprensione delle correlazioni e si scaglia a ragion veduta contro tutti i sistemi puramente tecnici, che, se in parte permettono constatazioni ugualmente esatte, non riescono però a cogliere la correlazione fra i contenuti. Menziono sin d'ora queste differenze per chiarire subito che ogniqualvolta parlerò di astrologia e dei concetti ad essa ispirati (concezione del mondo e della vita) mi riferirò principalmente a questa dottrina di Wolfgang Döbereiner.

Qualche anno dopo si verificò una circostanza altrettanto felice: Ebbi la ventura di diventare allievo di Frater Albertus, che mi iniziò alla cabalistica e all'alchimia sperimentale. Frater Albertus, fondatore della Paracelsus Research Society di Salt Lake City, è il più celebre alchimista pratico del nostro tempo.

L'incontro con questi maestri, insieme a studi approfonditi in quasi tutti i campi dell'esoterismo, mi hanno introdotto in un mondo nel quale la fede e le teorie sono sostituite da autentica sapienza, autentica conoscenza delle correlazioni esistenti nel cosmo. Tenterò di tracciare una panoramica di questo vasto campo dello scibile quasi ignorato dalla maggior parte delle persone e di rendere note le sorprendenti scoperte da me fatte fino ad oggi.

* « La dottrina monacense dei ritmi ». (N.d.T.).

LA SCOPERTA DELLA REALTA'

L'Astrologia

Faccio l'astrologo!

Di solito basta questa affermazione per non essere piú presi sul serio di punto in bianco. L'astrologia esercita un certo fascino su molti, ma come passatempo, come divertente bersaglio di giuochi caratterologici — ma prenderla sul serio? Naturalmente no! Per chi mi prende? In fondo non vivo nel medioevo: sono illuminato, ho una mentalità scientifica — d'altronde non importa cosa sia in realtà l'astrologia — i vari oroscopi dei giornali per lo piú sono sbagliati, ci credono al massimo le donne e le teste matte.

Ebbene che cos'è in realtà l'astrologia? Con due parole nemmeno io purtroppo riesco a rispondere a questa domanda in modo soddisfacente. Cominciamo perciò col precisarne il metodo di lavoro: Se studiamo il cielo constatiamo la presenza del Sole, di otto pianeti (Venere, Marte, Mercurio, Giove, Saturno, Urano, Nettuno e Plutone) e infine della Luna, satellite della Terra. Ciascuno di questi corpi celesti descrive un'orbita che l'astronomia è in grado di calcolare con esattezza matematica. Questi corpi celesti mobili si trovano nel firmamento, costituito da un enorme numero di stelle fisse, che ci appaiono immobili soltanto perché sono molto lontane. Gli antichi hanno suddiviso questo «spazio celeste» in dodici settori uguali di 30° ciascuno, e ad ogni settore hanno dato un nome — sono i cosiddetti segni dello zodiaco. Ora, grazie a questa articolazione è possibile definire esattamente la posizione dei pianeti in qualsiasi momento. Quando elaboro un oro-

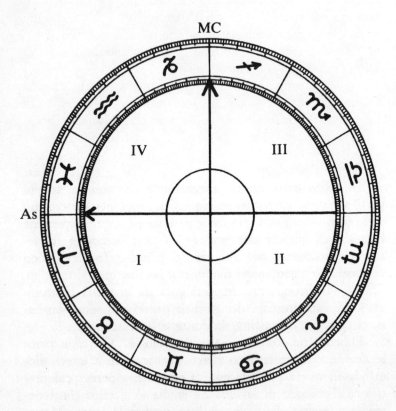

I due assi, Ascendente (As) e Medium coeli (Mc), dividono il cerchio zodiacale in quattro quadranti.

scopo (greco: osservazione delle ore) io iscrivo all'interno di un cerchio, che è suddiviso nei dodici segni dello zodiaco, tutti i pianeti nella posizione in cui si trovavano, si trovano o si troveranno in un determinato momento. L'oroscopo rispecchia graficamente la posizione dei pianeti (Sole e Luna compresi) in un momento ben preciso, quello della nascita di un bambino per esempio. Infine questo « cerchio » viene ulteriormente diviso in quattro quadranti da due assi, dei quali uno indica l'orizzonte orientale (Ascendente), l'altro il punto piú alto del cielo (Medium coeli).

Questo, semplificato, l'aspetto tecnico di un oroscopo. Questo lavoro è basato su calcoli astronomici e può venir effettuato da qualsiasi studioso naturalista. Le opinioni divergono nel momento in cui l'astrologo da questa riproduzione grafica del cielo trae deduzioni sulla persona che è nata in quel momento, sul suo carattere, sul suo comportamento e perfino sul suo futuro.

Qui per molti comincia la illogicità, o meglio l'impossibilità di spendere anche un solo minuto per un'assurdità del genere. Peccato! Perché le persone che insultano l'astrologia, esprimono giudizi negativi e discutono su un argomento del quale — grazie a Dio, secondo loro! — non hanno la minima idea. Ma come posso arrogarmi il diritto di definire una madornale cretineria la quantica se non ho la minima idea della fisica dei quanti, solo perché a prima vista non mi sembra chiara o non riesco a capirla in dieci minuti? In tutte le branche dello scibile può metter becco e giudicare solo chi se ne intende. Costituisce un'eccezione solo l'astrologia: qui, per dimostrare il proprio discernimento, può sentenziare e condannare a sproposito chiunque. Non basta essere medici o psicologi o giuristi per esprimere giudizi?! È necessario studiare astrologia per avere il diritto di dire che è una baggianata! Vorrei stabilire una volta per tutte molto chiaramente che chi vuol dire la propria opinione in materia deve prendersi prima la briga di studiare astrologia! La storia dell'astrologia annovera un gran numero di persone che l'hanno studiata per poterne dimostrare l'insensatezza in modo incontrovertibile.

Ebbene, dopo averla studiata, questi individui da avversatori sono diventati tutti accesi sostenitori dell'astrologia! Ora, perché l'astrologo crede di poter trarre deduzioni da determinate posizioni dei corpi celesti?

L'astrologia è molto antica. È nata in un'epoca nella quale l'impostazione del pensiero era diversa da quella odierna. Noi siamo abituati a supporre che tutto ciò che facciamo oggi sia migliore, piú giusto e piú vero di quanto si faceva prima di noi. È un grossolano pregiudizio che fa di ogni erba un fascio. Certo, ogni epoca è convinta della validità del proprio modo di pensare; altrimenti non penserebbe come pensa. Tuttavia questa convinzione soggettiva non prova la veridicità dei suoi contenuti. Quanto dieci anni fa la scienza riteneva « vero », oggi è superato da tempo. Questo tuttavia non ci autorizza a pensare che sia necessariamente superato anche ciò che era valido 1.000 anni fa solo perché è passato tanto tempo. Potrebbe darsi che in determinati campi le civiltà passate fossero piú vicine alla realtà e ne sapessero piú di noi. Un artista di cabaret disse una volta: « Gli antichi Greci avevano spirito, ma non avevano benzina — noi abbiamo benzina... » (per quanto tempo ancora?).

Per queste antiche civiltà il mondo era « cosmo », un prodotto ordinato in cui ogni fenomeno ha un « significato », una funzione precisa perché obbedisce a determinate leggi. Gli studiosi miravano a conoscere queste leggi — osservavano la natura, paragonavano i fenomeni e ne individuavano le correlazioni, le quali rivelavano che nel cosmo tutti i fenomeni obbediscono alle stesse leggi e quindi reagiscono in modo analogo. Questa constatazione è condensata nella celebre frase di Ermete Trismegisto: « Come in alto cosí in basso ». (Tabula Smaragdina Hermetis). Questa frase, che ancora oggi è la constatazione chiave della esoterica, afferma l'esistenza di leggi universali che regolano tutti i fenomeni su tutti in piani.

È un modo di pensare causale anche questo, però questa causalità abbraccia una fetta di realtà molto piú grossa di quella che comprende il concetto scientifico moderno di causalità. C.G. Jung formula il principio della sincronicità definendolo modello esplicativo di correlazioni «acausali». Ma perché correlazioni «acausali»? Se si conoscono le leggi cui esse obbediscono, le correlazioni sono causali. Appaiono acausali allo spirito scientifico moderno perché questo è ignorante. Proprio la causalità permette di calcolare e prevedere nell'oroscopo, con leggi matematiche, i fenomeni della realtà.

Quindi le divergenze intorno all'astrologia scaturiscono dalla diversità di due impostazioni del pensiero, quella cosmologica che crede nella correlazione di tutti i fenomeni, e quella scientifica naturalistica che si limita all'interpretazione funzionale della realtà materiale. Tuttavia la diversità di queste due impostazioni non si esaurisce sul piano della teoretica filosofica, ma ha conseguenze pratiche tanto vaste che ognuno di noi dovrebbe sforzarsi seriamente di capire da che parte c'è maggior dose di «verità».

Cominciamo dal pensiero scientifico naturalista. Esso appare pienamente giustificato se consideriamo le enormi conquiste e i successi degli ultimi cento anni. Tuttavia, se analizziamo bene queste conquiste scopriamo due caratteristiche essenziali di questo sviluppo tecnico-scientifico:

1. I progressi si limitano esclusivamente al piano materiale, fatto che non preoccupa quasi nessuno da quando ci è stato spiegato che all'infuori della materia non esiste altro.

2. È sempre piú evidente che ogni nuova conquista dopo qualche anno dà luogo a conseguenze indesiderabili, che occorre combattere con misure che a loro volta danno luogo ad inconvenienti: un circolo vizioso dal quale non si esce.

Tornerò piú dettagliatamente su questi due punti in un altro capitolo.

Qui mi preme soprattutto prendere in considerazione l'altra impostazione del pensiero, quella a noi molto meno familiare, anzi per la maggior parte delle persone tanto strana da render loro impossibile un confronto obiettivo. Esaminiamo questo «secondo modo di pensare» dal punto di vista dell'astrologia per esempio. Dove sono i successi, le possibilità; e — soprattutto — esistono prove? Sebbene questi interrogativi siano tipici del pensiero scientifico naturalista e quindi non possano essere applicati tout court ad un'altra branca, essi dovrebbero e possono soddisfare anche uno spirito obiettivo, una mente naturalisticamente impostata. Ecco qualche esempio:

1. Gli effetti controllabili, misurabili, dei ritmi lunari: Heinrich Guthmann, medico e filosofo, già nel 1936 pubblicò nella rivista «Medizinische Welt» gli effetti dell'influsso lunare in campo ginecologico. Riscontrò per esempio un aumento di quasi il 100% di donne mestruate nel plenilunio e nel novilunio. Le statistiche dimostrano che in 10.393 casi esaminati la media quotidiana era di circa 350, media che prima del novilunio e del plenilunio scende a 250-300 casi e durante il novilunio e il plenilunio sale rapidamente a 550.

2. Hilmer Heckert, un medico, ha studiato i «ritmi di lunazione dell'organismo umano» (1961) e ha scoperto una dipendenza della frequenza delle nascite dalle fasi lunari. E precisamente: nella fase *crescente* della luna aumentano le nascite di maschi e diminuiscono quelle delle femmine, mentre nella fase calante diminuiscono le nascite dei maschi e aumentano quelle delle femmine; vale a dire le nascite dei maschi e delle femmine presentano un periodo, a decorso polare, di 29,5 giorni connesso col corso sinodico della luna. Inoltre il Dr. Heckert ha dimostrato un ritmo lunare nell'eliminazione dell'acido urico dall'organismo umano.

3. Nel 1960 il Dr. E.J. Andrews, la cui casistica comprende circa mille interventi di tonsillectomia, constatò che l'82% degli episodi emorragici si verificava in coincidenza con il plenilunio.

4. Il ginecologo cecoslovacco E. Jonas ha messo a punto un metodo per calcolare i giorni fertili e quelli non fertili della donna nonché i giorni nei quali la fecondazione dà luogo alla nascita di un maschio o di una femmina, che è basato su uno specifico ritmo lunare dipendente dalla

data di nascita della donna. Il suo metodo, che fino ad oggi è stato controllato su 5.000 donne, è risultato esatto nel 98% dei casi.

5. L'Istituto Hiscia della Società per le ricerche sul cancro da dodici anni coglie il vischio ogni giorno alle 8 di mattina (e in parte anche piú volte al giorno) e sottopone la linfa della pianta di ogni « raccolta » a una serie di esami. Oggi questo istituto dispone di un materiale di ricerca completo di oltre 7.000 campioni, che hanno evidenziato la modificazione della linfa circolante nella pianta. Il metodo di ricerca piú valido è risultato essere la dinamolisi capillare di L. Kolisko, che permette di evidenziare le forze strutturanti della linfa di una pianta nei cosiddetti « quadri di ascendenza ». La valutazione statistica di questi esperimenti ha dato i seguenti risultati:

a) Le forze strutturanti di una pianta dipendono dall'ora in cui essa viene colta.

b) Le evidenti modificazioni delle forze strutturanti dei succhi vegetali sono parallele alle posizioni della luna, cioè alle diverse fasi del movimento di rivoluzione della luna.

Dopo tali risultati positivi, questo lavoro di ricerca prese in esame anche altri pianeti e i loro reciproci rapporti angolari (in linguaggio astrologico: aspetti), dei quali è stato possibile accertare anche l'efficacia.

6. L'effetto delle immagini planetarie e dell'ascendente: Hermann Jaeger, un geometra, ha esaminato per 30 anni la dipendenza della crescita delle piante dalla posizione dei pianeti nel momento della semina e ha avuto la conferma sperimentale delle asserzioni degli astrologi antichi. (I risultati sono reperibili nella rivista « Kosmobiologie », gennaio 1957).

Il barone A. von Herzeele, un letterato di Hannover, nel periodo 1876-1883 pubblicò alcuni scritti nei quali, sulla base di oltre 500 analisi, dimostra che il contenuto in minerali (magnesio, fosforo, potassio, calcio e zolfo) dei semi delle piante aumenta nella germinazione in acqua distillata. Ora, per la legge della conservazione della materia le piante che crescono nell'acqua distillata dovrebbero presentare la stessa quantità di minerali che contenevano i semi dai quali sono nate. Invece Herzeele nelle sue analisi dimostrava che erano aumentati sia il contenuto in ceneri che le singole componenti delle ceneri. Quindi questi esperimenti dimostravano che le piante sono capaci di creare materia. Herzeele formula il principio nel modo seguente: « Non è il terreno che produce la pianta, ma è la pianta che produce il terreno! ». Il filosofo Preuss nella sua dissertazione « Geist und Stoff » * (1899) scrive: « Con i suoi esperimenti von Herzeele ha fornito la prova tangibile che l'immutabilità degli elementi chimici è un concetto erroneo del quale ci dobbiamo sbarazzare al piú presto se vogliamo progredire nella conoscenza della natura ». Purtroppo le scoperte di Herzeele furono bollate d'infamia e caddero nell'oblio piú completo finché furono riscoperte dal Dr. Rudolf Hauschka, fondatore del Walaheilmittellaboratorium. Il Dr. Hauschka ha controllato mediante esperimenti effettuati personalmente le affermazioni di Herzeele usando tecniche piú raffinate e col sussidio dei mezzi piú moderni. Gli esperimenti sulla germinazione del Dr. Hauschka sono stati praticati in provette ermeticamente chiuse mediante fusione del vetro nelle quali non poteva penetrare e dalle quali non poteva uscire agente fisico di sorta. Queste provette sono state pesate con una bilancia analitica della sensibilità di 0,01 mg. Se è vero che la pianta viva crea materia, la provetta con i germogli doveva aumentare di peso, perché la materia ha un peso. La pesatura effettivamente evidenziò un aumento, ma anche una diminuzione dei pesi (l'ordine di grandezza è un multiplo del limite di errore!).

La rappresentazione grafica sotto forma di curva dell'aumento e della diminuzione dei pesi — quale espressione della nascita e della perdita di sostanza — e il confronto delle curve ottenute in ricerche di anni hanno rivelato il seguente fatto, importante per quanto ci riguarda: La na-

---

* « Spirito e materia ». (N.d.T.).

scita e la perdita di sostanza hanno un decorso ritmico e sono funzione del tempo.

È risultato che l'aumento di peso ha luogo durante il plenilunio, mentre la diminuzione ha luogo durante il novilunio. Inoltre lo studio delle curve nell'intero arco dell'anno ha dimostrato che questi ritmi lunari sono subordinati al ritmo solare.

Questi esperimenti provano, oltre alla dipendenza degli esseri viventi dai ritmi cosmici, soprattutto « l'impossibilità di proiettare l'attuale forma di esistenza della materia nell'infinitezza del passato o nell'infinitezza dello spazio. Dobbiamo supporre invece, con perfetta coerenza, che la materia sia nata per "precipitazione" della vita. Non appare necessario contrapporre al dogma della preesistenza della materia l'idea della preesistenza dello spirito? » (Dr. R. Huschka).

Questi esempi dimostrano che l'astrologia « regge » anche ad un esame con metodi scientifici, se ci si dà la pena di prenderla sul serio come materia di indagine. Tuttavia io ritengo molto pericoloso questo controllo scientifico, anzi lo temo addirittura. Lo temo perché, mentre tali esperimenti non fanno che scoprire e formulare correlazioni funzionali, il modo di pensare, l'impostazione del pensiero a loro volta non cambiano. Con la conseguenza che si finirebbe per operare con fenomeni che non sono stati capiti. Quello che importa invece è proprio capire le correlazioni. A che serve infatti sapere che in una determinata costellazione si verifica questo o quell'evento, se non si sa perché esso si verifica? Per questa ragione non mi auguro che un giorno l'astrologia o un'altra disciplina oggi considerata occulta venga riconosciuta dalla scienza ufficiale e insegnata nelle università.

A quali riconoscimenti portino tali riconoscimenti ufficiali lo sappiamo. Basta considerare quanto è successo dell'agopuntura. L'agopuntura esiste da 5.000 anni. La nostra scienza occidentale l'ha sempre condannata ignorandola, e i suoi propugnatori, parte medici, parte empirici, sono sempre stati avversati con estrema violenza e denunciati alla magistratura. Ebbene, un anno fa, quando sugli schermi occidentali furono proiettati per caso film cinesi di operazioni indolori grazie all'agopuntura, il pubblico si inchinò all'evidenza dei fatti manifestando a piena voce il proprio interesse per il « nuovo metodo » e furono iniziate « ricerche scientifiche » sull'agopuntura. D'un tratto la scoperta dell'agopuntura era merito delle scienze esatte. Si cominciò a misurare e ad indagare, furono costruiti vibratori elettrici. Risultati pratici: molto modesti. Perché? Perché non si è sentita la necessità di perfezionare sul piano spirituale un metodo terapeutico che ha le sue radici nella filosofia orientale e che può essere capito e manovrato soltanto partendo da quel tipo di impostazione del pensiero. Si rimase ancorati alla funzionalità. Se avvenisse la stessa cosa dell'astrologia sarebbe una specie di catastrofe!

La via che conduce all'astrologia non passa attraverso la dimostrazione statistica di singole affermazioni e correlazioni, ma attraverso l'apprendimento diretto della materia. Tuttavia il premio di questa fatica non può essere paragonato a una dimostrazione scientifica incontrovertibile: Si vive la « verità » dell'astrologia e delle sue possibilità direttamente e con tanta pienezza che il dubbio suona scherno. Per questa via il discente impara a scoprire via via le correlazioni — conoscenza che è infinitamente al di sopra di qualsiasi fede o dubbio. Questa comprensione diretta, queste continue scoperte non possono essere sostituite da nessuna dissertazione, teoria o indagine statistica, né naturalmente dai miei tentativi di far conoscere al lettore l'astrologia e le sue conseguenze per il nostro pensiero. Perciò quanto dirò qui di seguito non può che servire da stimolo, da invito a convincere se stessi — in quanto: se si sa non occorre credere ...

L'astrologia opera esclusivamente con simboli. Purtroppo oggi si è persa quasi del tutto la capacità di capire i simboli. Eppure « il simbolo è il linguaggio dell'anima ». La psicologia dell'inconscio ha constatato che soltanto il simbolo rende possibile la comprensione della psiche. Fatto singolare: Piú cerca di avvicinarsi alla realtà, piú l'uomo ha bisogno di ricorrere al simbolo. La matematica è tutta linguaggio simbolico. Il simbolo è l'unico ponte fra il nostro piccolo iperconscio razionale e i mondi infiniti dell'inconscio e dell'ignoto.

L'astrologia sostiene di poter cogliere e rappresentare con i suoi simboli l'intera realtà. Questa è la fonte di frequenti equivoci. Agli astrologi spesso si rimprovera di credere in misteriosi influssi fisici dei pianeti sull'uomo.

Ma non è vero. L'astrologia è un sistema che riproduce la realtà. Se si parte dal concetto che l'intero cosmo obbedisce agli stessi principii, dev'essere possibile considerare un sistema organico in sé concluso, e da come esso agisce su un altro sistema dedurre: « Come in alto, cosí in basso ». Sicché ogni pianeta e ogni segno dello zodiaco simboleggia un preciso settore della realtà.

Quando elaboro un oroscopo, per esempio l'oroscopo del momento della nascita di una persona, ottengo un disegno di forma circolare che rappresenta una combinazione assolutamente individuale di tutti i simboli. Specifica della persona è soltanto la disposizione dei simboli; il numero degli stessi è uguale in tutti gli oroscopi. In altri termini: Già la forma rotonda dell'oroscopo dimostra che si tratta di un prodotto compiuto, cioè contenente tutti gli aspetti della realtà. Ma questa compiutezza, questa integralità è il punto d'arrivo, e raggiungerlo rappresenta l'impegno, il compito della vita del soggetto in questione. Gli è stata donata come « corredo » una parte delle « pietre costitutive dell'edificio della realtà »; la parte mancante dev'essere conquistata con una vita mirante al raggiungimento della completezza.

Vivere significa aspirare a una propria interezza, alla compiutezza nel senso proprio del termine. L'oroscopo evidenzia con grande precisione la distribuzione di queste pietre costitutive dell'edificio della realtà, rivela gli elementi forniti al soggetto come corredo e indica quali componenti debbono ancora essere conquistate mediante l'azione; e infine segnala perfino il modo in cui esso deve agire. Nell'oroscopo punto di partenza e punto d'arrivo della vita sono collegati, uniti. Ma dove si incontrano due poli estremi non può non regnare grande tensione. Questa tensione è la vita. La spinta ad agire è ciò che fa di noi esseri umani. Perciò io spesso definisco l'oroscopo anche « formula della vita ». Infatti come una formula matematica esprime una realtà non meglio afferrabile col raziocinio, cosí un oroscopo contiene tutti gli elementi di una vita umana condensati in pochi simboli.

Nell'oroscopo, in questa formula della vita, sono riconoscibili non solo l'indole, il carattere di una persona, ma l'intero corso della sua vita e tutti gli avvenimenti, anche se questi possono apparire casuali.

Chi esercita l'astrologia sa che il caso non esiste! Già questo fatto sarebbe illuminante se la scienza non ci avesse indotti per tanto tempo a credere il contrario. Tuttavia la logica vuole che si opti per il cosmo (greco = l'ordinato) o per il caos. L'osservazione ci insegna che noi viviamo in un mondo ordinato, in quanto conosciamo leggi la cui validità e attendibilità sono controllabili fino a molto lontano nel passato. Se il nostro mondo fosse caotico, sarebbe estremamente improbabile che gli oggetti cadessero sempre in basso, che determinati animali e determinate piante presentassero sempre le stesse caratteristiche, che sole, luna e stelle percorressero orbite calcolabili ecc. Se optiamo per il cosmo dobbiamo continuare a pensare in questo senso: Per quanto tempo il cosmo rimarrebbe tale se ci fosse posto per il caso? La possibilità della presenza del caso trasformerebbe il cosmo in caos. Quindi la nostra idea tradizionale di un cosmo con possibilità di casualità non è sostenibile sul piano logico. Inoltre l'astrologia può dimostrare che le casualità in tutti i campi sono tutte calcolabili e perciò non possono essere definite tali.

Tengo a far presente che, oltre che all'uomo, l'astrologia può essere applicata a qualsiasi altro prodotto: contratti, case, automobili, catastrofi, paesi, città, politica, economia, regno vegetale, meteorologia ecc. Se la cosa sorprende, si ricordi che l'astrologia può venir riferita a tutti gli aspetti della realtà perché è un sistema riproducente la realtà.

Se non esiste il caso, debbono esistere leggi alle quali gli eventi obbediscono. Una delle piú importanti è la legge del contenuto e della forma. Secondo questa legge ogni forma deve avere un contenuto, o anche: alla base di ogni forma deve esserci un contenuto.

Questo assioma può venir chiarito rapidamente con l'aiuto di qualche esempio: Se mi ammalo, la malattia è una forma di espressione del mio destino. Però alla base di questa forma deve esserci un contenuto. Io mi ammalo non perché per caso ci sono in giro dei batteri. L'evento formale di una malattia deve avere un contenuto causale, che risiede in me stesso, nel mio comportamento.

Altro esempio: Mi vengo a trovare in una situazione disperata che compromette le mie possibilità esistenziali: il mio matrimonio va a monte, perdo il posto, perdo la casa, mi ammalo. Di colpo la mia vita fino in quel momento sicura e ordinata si trasforma in un caos di disgregazione e di insicurezza. Avvenimenti del genere, non proprio rari, sono considerati dalla maggior parte delle persone calamità provenienti dall'esterno, casuali. Ma per la legge del contenuto e della forma non esiste un caso che entra nella nostra vita dall'esterno. Dei contenuti di ciò che ci accade siamo responsabili noi stessi. Il destino che viviamo non è frutto del caso, ma il risultato delle nostre azioni.

Quali sarebbero quindi i contenuti degli eventi formali testé delineati? Eventi disgreganti colpiranno massicciamente soltanto le persone che anelano con troppa forza all'ordine, alla razionalità, alla solidità e alla concentrazione, trascurando una parte della realtà. Infatti la realtà è sempre bipolare: non esiste soltanto ordine, ma anche caos; non solo razionalità, ma anche irrazionalità. Quindi l'individuo che realizzi un solo estremo della realtà, ordine e razionalità per esempio, si troverà un giorno violentemente confrontato con tutti gli elementi del corrispondente polo opposto. Sotto l'incalzare degli eventi l'ordine si disgrega e l'individuo si trova di fronte al caos tanto accuratamente evitato con lo stesso esclusivismo con cui fino allora ha realizzato il polo opposto.

La conoscenza di queste leggi ha conseguenze di vasta portata per il nostro pensiero. Oggi si è soliti proiettare il destino all'esterno, viverlo come un prodotto estraneo, per lo piú male accetto. Gli uomini oggi non vivono in sintonia con i propri contenuti, perciò non sono disposti a riconoscere la loro responsabilità nei confronti del loro destino. Di tutti gli eventi viene incolpato il mondo esterno: lo stato, la Chiesa, la società, la suocera cattiva, i genitori cattivi. Sono ritenute responsabili del proprio destino tutte le istituzioni e tutte le persone possibili e immaginabili. E avendo trasferito la colpa all'esterno, l'individuo di conseguenza sostiene che artefice del suo destino è il mondo esterno, l'ambiente. Lo stato deve provvedere affinché ...

Oggi gli uomini si assicurano contro tutte le eventualità possibili e immaginabili e cercano di regolare l'« arbitrio » del destino in tutti i modi possibili mediante misure funzionali. Errore madornale! Significa non conoscere la realtà! Soltanto l'individuo è artefice del proprio destino, soltanto lui ha la possibilità di forgiare la propria sorte fornendo contenuti di cui è disposto a raccogliere le forme. L'uomo deve trovare, o meglio ritrovare il rapporto, il collegamento col proprio destino. Gli eventi negativi acquistano una colorazione completamente diversa quando l'individuo impara ad interpretarli e a riconoscerli come risultato della propria condotta.

So di non suscitare entusiasmo con queste dichiarazioni, perché l'individuo non è piú disposto ad assumersi responsabilità. È molto piú comodo addossare la colpa agli altri e lamentarsi della mala sorte.

Ma chi disprezza la comodità e vuol dare alla propria vita una struttura armonica non trascurerà questi fatti. Per chiarire ulteriormente quanto ho detto illustrerò le estreme conseguenze cui può portare la propria responsabilità nei confronti del proprio destino:

Un padre di famiglia viene investito da un automobilista ubriaco e rimane paralizzato per il resto della sua vita. Nostra reazione abituale: profonda compassione per la dura sorte del padre di famiglia paralizzato, sdegno e orrore per la irresponsabilità dell'automobilista ubriaco. La realtà è un'altra. L'incidente e le sue conseguenze sono il destino del padre di famiglia, destino del quale lui è l'unico responsabile. Perciò questo incidente è presente e visibile anche nel suo oroscopo. I contenuti di questo oroscopo per prendere forma hanno dovuto necessariamente attingere al mondo esterno — in questo caso si sono realizzati mercé la disattenzione di un ubriaco. Il modo in cui un evento si realizza è secondario, decisiva è la inconscia disponibilità.

In ultima analisi, un contenuto astrologico può tradursi in realtà soltanto tramite il mondo esterno. Molto spesso gli astrologi sostengono che carattere e destino sono influenzati da diversi fattori. Cioè oltre all'influsso cosmico giocherebbero un ruolo non trascurabile anche il mondo esterno, l'ambiente, l'educazione. Ebbene, questa tesi, mirante a guadagnare all'astrologia i suoi avversari, non è vera. Come si immaginano questi « influssi cosmici » operanti accanto agli influssi ambientali? Sono angeli che manovrano gli uomini come marionette tirando invisibili fili? Se si prendono troppo alla lettera gli « influssi cosmici », si cozza contro difficoltà teoriche di questo tipo.

Ripeto: l'astrologia è un sistema che riproduce la realtà! Un fatto, positivo o negativo che sia, non si realizza in spazi vuoti, ma per realizzarsi necessita di materiale che attinge dal mondo esterno: l'automobile, il conducente disattento. Il mondo esterno non è un fattore che affianca gli influssi astrologici, ma il mezzo tramite il quale il destino può tradursi in realtà. Perciò tutti i tentativi miranti a spiegare gli eventi e gli sviluppi enigmatici del destino con fattori sociali o familiari sono destinati a fallire. Tali fattori, tali correlazioni, se esistono, sono assolutamente secondari. Il contemporaneo verificarsi di due fatti non prova l'esistenza di un rapporto fra essi di causa ad effetto. Questo tipo di dialettica verrà da me adottato anche in seguito, nel giudicare la scienza di oggi.

Insisto nel sostenere che non esistono avvenimenti casuali; è l'individuo che tramite desideri inconsci pone se stesso in situazioni capaci di tradurre in realtà le tendenze del destino. Per esempio un assassino non uccide una vittima qualunque, ma può compiere il suo atto esclusivamente ai danni di un determinato individuo che come contenuto ha in sé la disponibilità a un evento del genere. So che questa affermazione suonerà strana. Tuttavia prima di esprimere un giudizio per « inerzia » dovremmo pensare che un tempo suonava strana l'affermazione che la Terra si muove intorno al sole — eppure il fatto corrisponde a verità.

Ma torniamo al nostro caso: Per non essere frainteso sottolineo che questo modo di pensare, di considerare i fatti non giustifica certo il crimine; non fa che spostare gli accenti. Per quanto riguarda la vittima, se si considerano le cose *sub specie aeternitatis,* nulla da eccepire: essa cercava una situazione di morte e l'ha trovata servendosi di un altro individuo per realizzare il proprio destino.

Quest'ultimo, l'assassino, col suo atto ha « reso un servizio » alla sua vittima; non per questo l'atto come tale è giustificato. L'assassino col suo atto ha fornito un contenuto al proprio destino, del quale deve scontare le conseguenze formali personalmente. Ma questo è un problema esclusivamente suo, non certo di coloro che chiedono vendetta e condanna. Se un assassino viene chiuso in prigione per essere difeso dai propri atti, la cosa ha senso. Se invece lo si fa per impedire che diventino sue vittime individui « innocenti », la cosa non ha più senso.

Ma questo esempio rivela anche un'altra verità: Ogni individuo per realizzare il proprio destino ha bisogno di altri individui, ai quali — invece di essere grato — per lo piú attribuisce colpe. I destini degli uomini si influenzano, si intersecano ed intrecciano simili ad elementi chimici dotati di precise « valenze » costantemente vaganti alla ricerca di altre valenze con cui reagire, con cui entrare in combinazione. Eppure, nonostante questo intrecciarsi dei destini, l'unico responsabile di ogni singolo avvenimento, anche se dovuto al confluire delle azioni di un gran numero di persone, è il singolo individuo. Ma se non esiste il caso, la vita dell'uomo è interamente prestabilita. Qui incontriamo il grosso problema del libero arbitrio.

Esiste o non esiste il tanto lodato, infinitamente discusso e soggettivamente avvertibile « libero arbitrio »? Sí, il libero arbitrio esiste. Esiste, però su un piano che non è quello che comunemente si suppone. Con la nostra volontà noi non possiamo decidere se realizzare o no il nostro destino, però possiamo scegliere il piano della sua realizzazione. Prendiamo, per esempio, le grandi categorie conscio/inconscio, attivo/passivo, psichico o somatico. Ciò significa in concreto che si può scegliere di vivere un determinato tema dell'esistenza o di non viverlo trasferendolo nell'inconscio (rimozione) — dove esso poi matura diventando un'unità a sé stante, un complesso autonomo, che poi emerge, sale alla superficie in un determinato momento e reclama ad un tratto il proprio diritto all'esistenza. In tal caso si parla comunemente di « mala sorte » e si proietta questo « malvagio colpo del destino » all'esterno, dicendo: questo mi succede per colpa della società, del prossimo ... io stesso non c'entro!

Ecco allora che risultano chiari la funzione e il senso dell'astrologia: A che serve l'astrologia se tutto è prestabilito, se non si può cambiare nulla?

L'astrologia è un mezzo per conoscere se stessi. Certamente non l'unico, ma sicuramente uno dei migliori! Non per caso la prima delle massime dell'umanità è sempre stata: « Conosci te stesso! ». Ebbene, l'astrologia può e deve fornire all'uomo questa autoconoscenza quale presupposto dell'autorealizzazione! Solo se conosco e ho capito le mie tendenze, le mie possibilità di realizzazione e gli scopi della mia vita ho innanzi a me la via per una vita sana, non nevrotica, ma armonica e libera di autorealizzarsi veramente. Solo quando ho constatato e accettato la mia assenza di libertà comincio ad essere libero. In altri termini: La libertà inizia là dove si realizza la coscienza della non libertà.

Lo so: Suona paradossale, ma la verità è sempre paradossale, perché deve unire in sé due poli della realtà. Solo se riconosco come tali le leggi cui sono soggetto non sono piú succubo del loro arbitrio. In fisica questa constatazione è ovvia; perché non dovrebbe esserlo anche per il destino?

Che cosa avviene in psicoanalisi? Il terapista si sforza di portare il paziente all'autoconoscenza — via lunga e faticosa specie quando si tratta di mettere ordine in anni ed anni del passato. E rende difficile questo lavoro anche un altro fattore: la guida, l'analista, poiché non conosce la « struttura » del suo paziente, purtroppo non sa che « struttura » abbia questa autoconoscenza. Quindi deve procedere a tentoni, esattamente come il suo paziente, e nonostante la sua preparazione specialistica gli può capitare di imboccare strade sbagliate prima di raggiungere la meta.

L'astrologia invece — e in questo consiste la sua superiorità — porta il soggetto all'autoconoscenza senza esitazioni, con sicurezza, rende possibile capire i simboli nella combinazione caratteristica del soggetto. Anche questo processo richiede tempo — però in confronto alla psicoanalisi è una strada « maestra »!

7. Karma e reincarnazione

> « *Il momento della morte è quello nel quale l'anima abbandona il governo centrale, ma solo per allacciare altri rapporti, perché per natura essa è immortale* ».
>
> Goethe

Il caso non esiste! L'oroscopo, immagine della disposizione dei corpi celesti nel momento della nascita, evidenzia l'intero corso della vita di un individuo. Tutta la nostra vita dipende dal momento della nascita. Quindi se « per caso » io fossi nato qualche ora prima o qualche ora dopo sarei una persona completamente diversa, con un destino completamente diverso. « Per caso? ». Ci siamo dati tanta pena per eliminare il « caso » e poi lo abbiamo collocato all'inizio della vita. Abbiamo detto che nel cosmo non può esistere il caso e che ogni avvenimento è la realizzazione formale di un contenuto. Quindi il momento della nascita non può essere casuale, ma dev'essere l'espressione formale di contenuti. Ma dove sono i contenuti che determinano l'inizio di una vita?

Per questa domanda c'è una sola risposta logica: in una vita precedente! I problemi, non risolti e « risolti », della vita precedente forniscono il contenuto, che in base a determinate leggi si cerca il momento formale adeguato per la reincarnazione. L'oroscopo, la formula vitale del momento della nascita, è al contempo una specie di bilancio della vita precedente. La natura non ha fretta. Quello che l'uomo non realizza in questa vita se lo porta dietro in quella successiva — non gli viene risparmiato nulla!

A prima vista non si capisce perché gli astrologi facciano coincidere l'inizio della vita con il momento della nascita. Poiché sappiamo che la vita inizia prima della nascita, l'oroscopo non dovrebbe venir elaborato in rapporto al momento del concepimento? No, perché la vita non inizia né alla nascita né con il concepimento; essa è una forma di energia sempre presente che non ha né principio né fine. Inizia con il concepimento la nuova incarnazione, però questo sviluppo nell'utero manca di autonomia individuale perché l'embrione è inserito nel ciclo vitale della madre. Solo con l'onfalotomia, il taglio del cordone ombelicale, e il susseguente primo strillo si chiude il ciclo vitale materno e nasce il nuovo individuo.

Concepimento, nascita, morte non sono che momenti che danno inizio via via a stati nuovi, a forme diverse di un'individualità continuamente presente. Con la nascita l'embrione « muore » per diventare uomo, esattamente come il bruco e la crisalide muoiono perché nasca la farfalla.

La legge del contenuto e della forma ci ha portati alla logica esigenza di una vita prima della vita. Comunque non abbiamo trovato niente di nuovo, abbiamo soltanto scoperto un concetto antichissimo per una via diversa: Ciò che noi chiamiamo contenuto e forma è definito « karma » dalle dottrine e dalle religioni orientali. Per karma esse intendono l'insieme delle leggi che trasformano il risultato di una vita in una nuova vita e in un nuovo destino.

Quindi una vita è il risultato della vita precedente e insieme la base della vita successiva. In altri termini: In questa vita io raccolgo i frutti — buoni o cattivi che siano! — di quanto ho seminato nella mia vita precedente, ma contemporaneamente getto il seme della mia vita futura. La stessa cosa vale per ogni singola azione: ogni singola azione è sempre la forma di un contenuto precedente e il contenuto di una forma futura. Vivere consapevolmente significa essere consci in ogni momento di questa duplice responsabilità.

8. La legge della polarità

> « *Il Signore ha creato ricchi e poveri perché siano riconoscibili gli uni dagli altri. Ha creato la morte e la vita perché si veda la differenza fra seminagione e devastazione; ha creato l'uomo e ha creato la donna, ha creato il fuoco e ha creato l'acqua, ha creato il ferro e il legno, la luce e le tenebre, il caldo e il freddo, il mare e la terra, il cibo e la fame, la bevanda e la sete; ha creato la deambulazione e la claudicazione, la vista e la cecità, l'udito e la sordità ... tutto questo per far conoscere l'onnipotenza del Signore che ha creato tutto in dualità* ».
>
> Micha Josef Bin Gorion
> « Le leggende degli Ebrei », Francoforte 1919

La polarità è la base della nostra esistenza. Esistono il giorno e la notte, l'uomo e la donna, il piú e il meno, l'estate e l'inverno, il caldo e il freddo! Il mondo fenomenico non ci offre un solo esempio di prodotto o fenomeno che non abbia il suo opposto. Anzi il nostro pensiero non è nemmeno capace di immaginare un prodotto o fenomeno privo del proprio contrario. Noi viviamo nei contrari, pensiamo per contrari, anzi la tensione che nasce fra i due poli opposti è il presupposto perché un fenomeno possa venir recepito dalla nostra coscienza. Un solo essere non è soggetto a questa polarità: Dio. E noi proprio per questo non riusciamo ad immaginarlo.

Se però ci sforziamo di farci un'idea di Dio, lo facciamo automaticamente entrare nella consueta polarità: Dio diventa « Padre e Figlio », Dio e il Demonio, un Dio buono e un Dio malvagio, un Dio benevolo e un Dio collerico ecc. Sono tutti tentativi di immaginare il non immaginabile. Anche qui opera la legge della polarità: Se esistono cose che possiamo immaginare, debbono esistere per forza cose che non possiamo immaginare! La polarità genera tensione e perciò è presupposto e causa di tutto ciò che è vita, attività, movimento. Senza polarità non esiste nulla. Però il « nulla » come tale non può esistere da solo, ma soltanto come polo opposto di ciò che è. Perciò anche « Dio » non è che la potenza immaginata, che si manifesta e produce realtà soltanto mediante estrinsecazione polare.

Alla legge della polarità, una delle leggi fondamentali della realtà, la maggior parte degli uomini presta troppo poca attenzione. Noi viviamo in un mondo di scale valori; cioè ogni uomo si crea un sistema in base al quale esso esprime giudizi: buono, giusto, pregevole. Poi con i concetti opposti: cattivo, sbagliato, spregevole definisce le cose e gli avvenimenti a suo avviso indesiderabili e che quindi non dovrebbero esistere. Però con questa impostazione, cosí facendo, stronca la realtà alla radice, perché nello stesso momento in cui non esiste piú il male non esiste piú nemmeno il bene ecc. Se dal mio impianto elettrico io volessi eliminare il polo negativo non avrei piú corrente. Chi combatte il male agisce esattamente come chi combatte il bene: entrambi combattono la realtà. Bene e male non sono che la forma fenomenica polare della medesima cosa che noi però non riusciamo ad immaginare nella sua unitarietà, come unità.

Tutti coloro che sono fieri di « essere buoni » non dovrebbero dimenticare che possono esserlo solo a spese di coloro che « non sono buoni », che possono differenziarsi solo grazie alla loro esistenza. Si aggiunga che chi si ritiene « buono » è contemporaneamente, in parte uguale, anche malvagio; però rimuove la parte malvagia della sua personalità nell'inconscio, dal quale la proietta nel mondo esterno. C.G. Jung ha definito questa parte negativa dell'uomo, che possiede ognuno di noi, archetipo dell'ombra. Ecco perché il « riconoscimento dell'ombra » quale parte della propria personalità è il primo passo, necessario e difficile, di ogni trattamento psicoterapeutico delle nevrosi. La natura esige dall'uomo « completezza », e di essa fanno parte i due poli della realtà.

Abbiamo trattato lo stesso tema già parlando dell'astrologia e delle misure correttive del destino miranti a compensare atteggiamenti esistenziali unilaterali mediante brutali interventi nel senso del polo opposto. A questo proposito mi sembrano interessanti due fatti: 1) che l'oroscopo ha una forma circolare e che questo cerchio, simbolo della compiutezza, contiene simbolicamente tutti gli elementi della realtà; e 2) che quando un trattamento psicoterapeutico volge al termine, nei sogni e nelle fantasie del paziente compaiono spontaneamente le note figure rotonde del Mandala, simboli della raggiunta compiutezza.

Continuiamo ad applicare la legge della polarità: Se esiste un « aldiquà » deve esistere un « aldilà ». Il fatto che dell'aldilà sappiamo molto poco induce alcuni a negarne l'esistenza, altri a compiere sforzi di immaginazione miranti a configurarlo. Vediamo che cosa sappiamo veramente.

L'aldilà esiste perché è il polo opposto dell'« aldiquà ». Se non esistesse un aldilà non esisterebbe nemmeno un aldiquà. Data la polarità, l'aldilà è sicuramente diverso dall'aldiquà. Ciò tuttavia non significa che esso sia superiore o migliore dell'aldiquà. Lo affermano molti « circoli » che si autodefiniscono competenti; ma è un'affermazione assolutamente gratuita. Quando migriamo nell'aldilà noi non diventiamo affatto migliori, ma semplicemente ci trasformiamo. Anche qui dunque la valutazione di un solo polo non ha senso.

L'intera giornata di 24 ore consiste di giorno e notte. Come qualità il giorno e la notte sono diversi, anzi addirittura opposti. Ma non per questo il giorno è migliore della notte o viceversa. La stessa cosa vale per l'aldilà. Chi si occupa eccessivamente dell'aldilà ritenendolo migliore dell'aldiquà, superiore alla vita presente, fugge dalle esigenze dell'«ora» e manca di adempiere ai compiti dell'aldiquà. Lo stesso dicasi per l'altro estremo: Chi crede soltanto nell'aldiquà è impreparato ad affrontare l'aldilà.

Nell'aldiquà noi abbiamo un corpo di materia. Tuttavia sappiamo che se esiste la materia, deve esistere anche la non materia. Psicologi e teologi parlano di anima, però intendono cose molto diverse. Molti parlano anche di spirito — e tutti intendono una cosa diversa. Solo per quanto concerne la materia e il corpo sono tutti della stessa idea. Questa concordanza di opinioni ha indotto gli studiosi a concentrarsi sulla materia e a negare l'esistenza di tutto il resto.

Conosciamo qualcosa che non sia fatto di materia? Sí, la facezia, per esempio, la gioia, la tristezza o anche la circostanza che il signor Maier muore. Che cosa è cambiato? Se analizziamo la materia, fra il signor Maier vivo e il signor Maier morto non c'è differenza. Eppure qualcosa dev'essere cambiato, altrimenti non potremmo chiamare morto il signor Maier. Noi diciamo che la vita lo ha abbandonato.

Che cos'è la vita? Una cosa materiale? Certamente no, altrimenti i medici l'avrebbero «imbottigliata» da un pezzo. Quindi deve esistere qualcosa che non è materiale ma ha la capacità di unirsi alla materia e di organizzarla. Il signor Maier era costituito da moltissimi elementi chimici e relativi composti, che adesso dopo la sua morte obbediscono tutti a leggi proprie — fenomeno che noi definiamo decomposizione. Quando il signor Maier era vivo la situazione era diversa! Tutti gli elementi chimici obbedivano a un solo principio e facevano parte di una grande organizzazione, di un'idea organizzativa nella quale venivano adempiuti soltanto i compiti utili per questa idea, con ampia rinuncia alle leggi individuali dei singoli elementi.

Quindi nell'uomo vivo esiste un principio organizzatore, che cooperando con la materia del corpo dà luogo a un organismo vivente. Questo principio organizzatore, che abbandona il corpo nel momento della morte, è definito « anima » o psiche dalla maggior parte delle persone; gli antroposofi lo chiamano corpo dinamico, gli occultisti parlano di corpo astrale. I nomi non sono importanti; l'importante per noi è sapere di cosa parliamo. L'anima è l'istanza individuale nell'uomo, è ciò che noi avvertiamo costantemente come « Io » e che è indipendente dalle cellule del corpo costantemente rinnovantisi. Benché il corpo muti e si trasformi di continuo, costruisca e demolisca sostanza, ognuno di noi per tutta la vita ha la sensazione di essere sempre lo stesso. Questo costantemente uguale è la sua anima.

Ma che cos'è lo spirito? Ingenera confusione proprio la non corretta applicazione del termine « spirito ». Io mi associo all'esatta definizione della tradizione alchimica: Lo spirito è vita! La capacità vitale è in sé impersonale e superindividuale. Ogni pianta, ogni sasso, ogni animale possiede lo spirito, perché vive! Quindi l'uomo è una trinità di corpo, anima e spirito. Il corpo è costituito da materia, l'anima è la coscienza dell'individualità, lo spirito infonde vita. Noi troviamo questa tripartizione in tutti e tre i regni della natura, minerale, vegetale e animale, perché tutto ciò che esiste in natura consiste dei tre elementi essenziali: corpo, anima e spirito o, come dicevano gli alchimisti, sale, zolfo e mercurio.

Ora, la morte pone fine al sinergismo di questa trinità. L'anima quale principio organizzatore e lo spirito quale forza vitale si separano dal corpo materiale ed entrano nelle loro « sfere », cioè nell'« aldilà », cosí come il corpo ritorna al suo mondo materiale. Quindi la morte pone fine soltanto al sinergismo, alla simbiosi di questi tre fattori, ma i tre componenti stessi sfuggono alla morte nella loro autonomia.

Può chiarire il concetto un esempio banale: Il vino è costituito da un'unità specifica di succo di frutta e alcool. Se mediante distillazione separiamo l'alcool dal vino, il vino — per cosí dire — muore, però i due componenti, succo di frutta e alcool, rimangono. Qualcosa di simile avviene quando una persona muore.

La struttura dell'aldiquà richiede un corpo materiale, la struttura dell'aldilà richiede un corpo immateriale. Quindi quando moriamo, noi non facciamo che cambiare « piano di residenza » e contemporaneamente ci adattiamo alla nuova situazione liberandoci della materia che in questo nuovo piano ci è di ingombro. Tuttavia poiché la coscienza dell'Io ha sede nell'anima e non nel corpo, dopo la morte l'individualità della persona rimane. Per noi questo è un concetto astruso perché siamo abituati a identificarci col corpo.

Può fornire un piccolo aiuto alla nostra fantasia l'esperienza dei sogni. Nel sogno noi viviamo per lo piú con il nostro corpo, però non siamo soggetti alle sue leggi nella misura consueta: voliamo, passiamo attraverso i muri, ci trasformiamo e cose del genere. Poiché l'evento onirico appartiene al polo irrazionale della realtà, il sogno ci permette di accedere — per parecchi aspetti — alle leggi dell'irrazionale, dell'aldilà.

È degna di menzione a questo proposito la diversità del concetto di tempo: In sogno possiamo vivere, nello spazio di secondi, vicende che per il nostro concetto del tempo coprono uno spazio di giorni o anni. Inoltre, da persone strappate alla morte all'ultimo secondo, sappiamo che negli attimi che precedono il trapasso davanti agli occhi della mente si rappresenta con una velocità inimmaginabile, come in un film accelerato al massimo, tutta la vita, dall'infanzia in poi. Come cambia il concetto di tempo, che nell'aldilà obbedisce a leggi totalmente diverse, cosí mutano anche tutte le altre categorie: il pensiero, il linguaggio, i sentimenti, il movimento ecc. Le informazioni sull'aldilà ci sono state fornite da persone clinicamente morte riportate in vita, o da medium che hanno contatto con esseri ultraterreni.

La problematica di questa informazione, oltre alla difficoltà di controllo dell'autenticità delle affermazioni, è data soprattutto dall'impossibilità di trasformare eventi irrazionali in linguaggio razionale. Il compromesso è rappresentato dai linguaggi simbolici figurati. Cosí la maggior parte delle descrizioni illustra l'aldilà come un mondo di vibrazioni luminose o sonore, di colori. I chiaroveggenti hanno sempre visto intorno a tutti gli esseri viventi, e quindi anche intorno all'uomo, un alone colorato. Queste irradiazioni sono dette aura. Il chiaroveggente, che è in grado di vedere quest'aura, dalle dimensioni e dalla composizione cromatica della stessa può trarre conclusioni sulla persona, sul suo modo di sentire e di pensare, sul suo carattere e le sue malattie.

Ora, quest'aura, della quale gli scienziati negano l'esistenza definendola un'invenzione degli occultisti, è stata dimostrata sperimentalmente, per caso, da un ricercatore russo di nome Kirlian e può venir fotografata con un apparecchio ad alta frequenza sviluppato dallo stesso. Queste fotografie evidenziano intorno alle piante appena colte, intorno agli animali o a parti del corpo umano, un'intensa corona di raggi di diversi colori, che Kirlian chiama bioplasma. Si può affermare che il bioplasma corrisponde all'energia vitale, perché si è riscontrato che si separa dalla materia, rimanendo indistruttibile, quando l'essere vivente muore. Inoltre reagisce, presentando modificazioni di intensità e di colore, a modificazioni sperimentali ad opera di caffeina, stupefacenti, alcool, fatica, sentimenti di gioia, ira, concentrazione ecc. I risultati di questi esperimenti collimano perfettamente con le affermazioni, note da secoli, delle persone che hanno potuto vedere l'aura (*).

Attualmente gli studiosi delle università di tutto il mondo stanno lavorando per perfezionare e raccogliere con zelo queste fotografie. Di nuovo un esempio di ciò che avviene di acquisizioni note da secoli quando vengono scoperte e « immesse » dalla scienza nel suo sistema funzionale. Nella foga di sperimentare, catalogare e scomporre

---

(*) Luigi Gennaro-Fulvio Guzzon-Pierluigi Marsigli, « La foto Kirlian », Edizioni Mediterranee, Roma 1977.

i singoli fattori, si perdono di vista l'importanza e le conseguenze della scoperta per il pensiero. Infatti, mentre gli uni perfezionano gli apparecchi per fotografare un corpo psichico, gli psicologi continuano a sviluppare la loro scienza senza psiche.

È divertente rilevare come la scienza senza accorgersene continui a confermare quanto i diffamati « occultisti » sostengono da sempre; tuttavia queste conferme scientifiche praticamente non apportano nulla al nostro pensiero perché i singoli fatti non vengono integrati in un contesto organico. Perciò seguiamo la nostra via.

Noi sappiamo che il nostro corpo psichico, o astrale, è costituito da radiazioni luminose la cui composizione cromatica è in rapporto con i contenuti psichici. Poiché l'aldilà è il piano esistenziale congeniale a questo corpo astrale — tanto che viene definito anche piano astrale — la loro forma di energia dev'essere la stessa. In altri termini, l'aldilà, o piano astrale, è un mondo di vibrazioni. Questo mondo di vibrazioni dev'essere immaginato non diverso in senso spaziale o spazialmente separato dal nostro mondo, ma immanente ad esso e separato unicamente dalla soglia della percettività. Questo punto è importante.

Noi siamo inclini ad interpretare l'aldilà — già il termine lo dice — come al di là in senso spaziale. Cosí nella fede è nato il « cielo ». Invece l'aldilà si riferisce unicamente alla nostra capacità di percezione. Alla fantasia di noi uomini moderni la tecnica offre buoni ausili per immaginare il fenomeno.

Come la nostra stanza è « piena » dei piú disparati programmi radiofonici e televisivi che, benché esistano, noi possiamo percepire solo grazie a trasformazioni tecniche, cosí il piano astrale, pur esistendo, non può venir percepito dai nostri sensi. Poiché è il polo opposto del nostro mondo, il piano astrale esiste ovunque esiste qualcosa del nostro mondo. Per noi è difficile immaginare di essere un'immagine di una trasmissione televisiva, che si propaga sotto forma di onda fornita di una determinata frequenza captata dallo spazio. Tuttavia il fatto che non riusciamo ad immaginarci dislocati in un'« onda » siffatta non ci autorizza a concludere che l'onda non esiste.

La stessa cosa vale per il piano astrale. Per noi è difficile raffigurarcelo — e se in qualche modo ci riusciamo, ce lo raffiguriamo solo grazie a immagini e paragoni che non corrispondono alla realtà. Riusciamo a formularlo astrattamente, col pensiero, e a comprenderne l'importanza per noi; ma abbiamo la possibilità di conoscerlo solo quando vi risiediamo. Ebbene, un giorno lo raggiungeremo tutti. Tuttavia — fatto singolare — questa certezza nella maggior parte delle persone infonde non un senso di curiosità, ma di grande paura — perché la porta per la quale entriamo nell'altro piano è la morte.

La morte è, da sempre, uno degli eventi piú affascinanti perché è la nemica della vita. Niente di piú sbagliato! Certo, la morte è il polo opposto della vita, ma ciò significa che senza morte non esisterebbe vita. Anche per questo l'uomo deve accettare la morte sin dal momento in cui viene al mondo, perché la morte è l'unica cosa certa nella vita di un uomo. Quindi la morte non è qualcosa che minaccia la vita dal di fuori, ma una componente interna ed essenziale della vita stessa.

Rudolf Steiner ha detto: « La vita è ritmo ». Ebbene, il ritmo consiste sempre di due fasi. Una fase si chiama vita, l'altra morte. Qui abbiamo a che fare con un'inesattezza linguistica: la vita contiene vita e morte esattamente come la giornata è costituita da giorno e notte. La sinusoide ha al centro un punto di intersecazione nel quale essa si incontra con la linea zero. Tuttavia questo punto d'intersecazione non la annulla ma è proprio quello che ne fa una sinusoide. Il punto d'intersecazione corrisponde alla morte; è il presupposto della vita. Altra immagine: La morte è una porta sulla quale da una parte c'è scritto « uscita », dall'altra « entrata ».

Ma perché quasi tutti abbiamo paura della morte? Forse perché erroneamente ci identifichiamo col nostro corpo materiale, invece che col nostro Io psichico. La paura della morte ci induce ad evitare di affrontare coscientemente il problema. Ma questa fuga nasconde un pericolo. Infatti come si può raggiungere la completezza della vita se se ne ignora la metà? Per comprendere la vita bisogna prima comprendere la morte. « Non imparerà a vivere chi non ha imparato a morire » (« Il libro tibetano dei morti »).

Rientra in questo contesto la strana fiaba dei fratelli Grimm « Die Geschichte von einem, der auszog, das Fürchten zu lerner » *. È la storia di un ragazzo che non prova orrore della morte, che nel suo candore infantile giuoca coi morti come se fossero vivi e perciò viene allontanato dalle persone del suo ambiente che si vergognano di lui. Per poter diventare un vero uomo deve prima acquisire l'elementare senso del raccapriccio e dell'orrore, perché l'orrore è il punto di partenza per un discorso cosciente con la morte. Ma solo da un'immagine « evoluta » della morte può derivare un'adeguata preparazione alla vita. Anche per questo tutti i misteri, i culti iniziatici degli antichi e i riti dei popoli primitivi che tramutavano l'adolescente in uomo lo confrontavano con un pericolo mortale.

In origine tutte le religioni conoscevano l'unità vita/morte; anche Cristo per donare la « vita eterna » dovette morire. Quanta importanza abbia per la salute e l'ulteriore individuazione dell'anima un'immagine matura della morte ce lo insegna oggi l'interpretazione analitica dei sogni. Nel corso del trattamento i sogni dei pazienti evidenziano spesso una continua maturazione dei simboli della morte, dalla fuga arcaica, o dalla semplice negazione, al riconoscimento della morte quale base della vita. Quindi occorre non minimizzare o banalizzare la morte, ma affrontare il tema tempestivamente e individuare il piano sul quale il problema della morte trova la sua soluzione, perché la conoscenza delle leggi della morte ha anche un altro aspetto, un aspetto pratico; io lo chiamo l'« arte di morire »; ma alla luce delle abitudini di oggi sarebbe meglio definirla: « l'arte di lasciar morire ».

---

* « La storia di uno che se ne andò di casa per apprendere la paura ». (N.d.T.).

9. L'arte di morire

Oggi chi si trova di fronte alla morte o a una persona morente si dà ad un'attività frenetica. Convoca persone, telefona per un taxi, incomoda una dozzina di medici, allarma ospedali. Il morente viene trasportato qua e là e la sua anima viene sballottata. In questo modo i parenti si liberano della responsabilità e del dovere di rimanere soli con lui. In questa situazione il morente avrebbe bisogno soprattutto di un religioso. Non intendo una persona che eserciti questa professione, ma semplicemente una persona che abbia familiarità con la morte e che non perda la testa. In realtà dovrebbero assicurargli questa assistenza morale tutti quelli che gli stanno intorno e soprattutto i suoi parenti.

Conosco persone che hanno paura di guardare per l'ultima volta il loro padre o la loro madre morti. Non provano il desiderio di rendere loro l'ultimo omaggio e di serbarli cosí nella memoria.

L'usanza di isolare il moribondo ha preso piede anche per questa paura della morte; e proprio quelli che dovrebbero stargli accanto si limitano a farsi comunicare l'avvenuto decesso da un anonimo in camice bianco. Gli sono stati fianco a fianco per tutta la vita, ma nel momento della morte, quando ha il massimo bisogno di loro, lo piantano in asso. Tutto il nostro sistema è impostato in modo che le persone muoiano senza dignità umana.

Il peggior servizio che si possa rendere a un moribondo è quello di impedirgli di morire tormentandolo con interventi eroici con l'intento di « rianimare » il suo cuore. Perché non è lecito morire in pace? Perché i parenti che ufficialmente si danno da fare in modo commovente, si preoccupano soprattutto di combattere la propria paura della morte. Per questa primordiale paura della morte vengono meno al loro dovere.

Come bisogna assistere un morente? Bisogna pensare che l'agonia è una vera e propria lotta, e forse deve essere tale. Secondo me la morte piú bella è la morte preceduta dall'agonia, l'ultimo grande confronto fra vita e morte.

Non credo che sia meglio spegnersi, addormentarsi semplicemente nella morte. Né credo che la morte migliore sia una morte lieta. Secondo me l'agonia fa parte della dignità della morte. La morte da incidente stradale impedisce questa morte dignitosa perché non consente una preparazione. È fulminea. Nel suo libro « Dreissig Jahre unter den Toten », lo psichiatra Carl Wickland racconta di medium attraverso i quali parlavano defunti che si lamentavano della morte priva di dignità. Se ne può dedurre che l'agonia è necessaria per la separazione da una vita precedente e il passaggio in un'altra.

Perché Cristo è morto lottando? Io ritengo l'agonia necessaria, però penso che dovrebbe venir alleviata da un'assistenza adeguata. Io in primo luogo mi adopererei per infondere calma al morente. Eviterei di esporlo ad esperienze traumatizzanti: autoambulanza, corsie d'ospedale, barelle ecc. I moribondi hanno spesso un enorme bisogno di parlare e di comunicare; perciò dobbiamo sforzarci di soddisfare prima di tutto questo loro desiderio. Vogliono parlare e bisogna lasciarli parlare. Improvvisamente hanno sensazioni del tutto diverse dalle solite, e quelle che comunemente vengono definite fantasie dei moribondi spesso sono già impressioni provenienti dal piano astrale ma che sono ancora confrontabili col nostro mondo reale.

In questo senso bisognerebbe aiutarli, a questo compito bisognerebbe dedicarsi con le nostre migliori forze e prestare attenzione alla rievocazione dei loro ricordi. In essi tutta la vita si svolge di nuovo come una rapida rappresentazione. Contemporaneamente, come abbiamo già detto, davanti agli occhi della loro mente si dischiudono mondi nuovi, la necessità della metamorfosi si fa sempre piú imperiosa, quella dell'eliminazione del corpo sempre piú pressante. Quando inizia questo distacco l'uomo non vuole essere solo. Allora le persone che credono di aiutarlo agitandosi e piangendo non servono a niente. In questa situazione gli sono d'aiuto solo le persone che desiderano assisterlo.

E il morente che cosa può fare? Non molto, e tutto. Se ha *vissuto* in modo cosciente nella sua ora difficile si comporterà sicuramente in modo giusto: *morirà* in modo cosciente. La morte consapevole è la morte piú desiderabile. Ne è presupposto la maturità, e perciò ripeto: bisogna imparare a morire da vivi, acquistando familiarità con la problematica della morte e non ancorandosi alla vita sconsideratamente.

A questo punto è bene spendere qualche parola per un argomento che purtroppo acquista un peso di anno in anno maggiore: il suicidio. Nel mondo si toglie la vita ogni giorno un migliaio di persone, e piú di duemila tentano di farlo. A Berlino il numero dei suicidi è tre volte superiore a quello delle morti accidentali. Nella statistica internazionale fra cinquanta tipi di morte il suicidio occupa il nono posto!

Dietro a queste cifre, nude e crude, si nascondono problemi di ogni specie. Però una cosa è comune a tutti i suicidi: con il loro gesto essi credono di sfuggire ai loro problemi. Invece il suicidio è un grosso errore perché elimina soltanto il corpo materiale mentre i problemi rimangono. Infatti i problemi sono sempre di natura psichica, anche quando il suicidio è stato determinato da sofferenze fisiche, perché il dolore è soltanto espressione di conflitti psichici non risolti. Dopo il suicidio chi lo ha commesso constaterà con stupore di esistere ancora con tutti i suoi problemi, con la sola differenza che non ha piú un corpo. E la mancanza del corpo peggiora la situazione in misura sostanziale, perché l'individuo non ha piú lo strumento che gli permette di risolvere i suoi problemi mediante l'azione. Allora si accorge che non è possibile scansare i problemi, che essi debbono venir affrontati e risolti — e che lui purtroppo non ha piú un corpo per agire. Questa penosa situazione fa nascere il desiderio di un corpo, cosa che quasi sempre determina una reincarnazione rapidissima. Perciò dobbiamo sapere che non esiste la possibilità di « togliersi la vita »!

10. L'aldilà

> « L'uomo è la creatura piú mirabile della natura. Non riesce a capire che cosa sia il corpo, ancora meno che cosa sia lo spirito e meno di tutto come lo spirito possa essere collegato al corpo; questo è il colmo della difficoltà; eppure la sua essenza consiste proprio in questo ».
>
> Pascal

L'uomo si è sempre interessato all'aldilà. Vorrebbe sapere che cosa lo aspetta dopo la morte. Ha tentato di dare una risposta a questo interrogativo in modo teorico e astratto, però vorrebbe poterne avere anche un'idea concreta. Per avere una descrizione dell'aldilà possiamo ricorrere soltanto ai veggenti o agli Yoghi, che vedono l'aldilà già in questa vita. Se sia il caso o no di credere alle loro descrizioni è una faccenda che ognuno di noi deve risolvere per conto proprio. Per me è piuttosto indicativo il fatto che tali descrizioni, indipendentemente dal luogo e dal momento in cui sono state fatte, presentano notevoli concordanze. Grazie ad esse io a poco a poco mi sono fatto un'idea dell'aldilà estraendo da esse come struttura i fatti identici in tutte le descrizioni. Al lettore interessato vorrei illustrare brevemente questa struttura.

Per poter capire l'evento « morte » occorre prima sapere che cosa avviene quando si dorme, perché la morte è molto simile al sonno. Nel sonno il corpo astrale si stacca dal corpo fisico, però rimane collegato con esso mediante un « cordone », il cosiddetto cordone astrale. Durante il sonno anche se il corpo astrale si allontana notevolmente dal corpo fisico il collegamento mediante il cordone astrale rimane.

L'esoterica conosce esercizi appositi che mettono la coscienza in condizione di percepire le migrazioni del corpo astrale durante il sonno. Se una persona riesce a separare volontariamente il corpo astrale dal corpo fisico, vede se stessa in questo stato perché le percezioni sensoriali hanno sede nel corpo astrale. Del resto queste migrazioni del corpo astrale non sono semplici « speculazioni », ma esercizi di uso corrente sia nello yoga che nella magía applicata e sono state descritte piú volte.

La morte si differenzia dal sonno solo per il fatto che insieme al corpo astrale si separa dal corpo fisico anche il cordone astrale, cioè si interrompe il collegamento fra i due corpi. Nella morte il corpo astrale esce dal lato sinistro del corpo sotto forma di un cordone che prima si arrotola a spirale sopra il capo del morente e poi, quando ha abbandonato il corpo definitivamente, dà luogo a un prodotto nuvoliforme. Da questa « nuvola » nella prima ora dopo la morte prendono forma prima il viso e poi l'intero corpo del defunto. Corpo ed espressione del volto rispecchiano il carattere del defunto e sono indipendenti dalla sua età.

Terminata la neoformazione del corpo astrale, il defunto si sveglia nel suo corpo astrale e si sente come se si destasse da un lungo sonno. Gli sembra che non sia cambiato nulla, avverte soltanto un aumento delle proprie capacità percettive, della propria possibilità di movimento e di altre facoltà. Per il resto il « nuovo » mondo non si differenzia da quello consueto. Perciò spesso il defunto non si rende conto di essere morto, vorrebbe continuare la sua vita abituale. Soltanto il fatto che le persone che gli stanno intorno, e che può percepire, non reagiscono a lui gli fa capire a poco a poco che la sua situazione è cambiata.

Il defunto si trova in un mondo costruito interamente dai suoi desideri e dalle sue idee; nel buddhismo si parla di maja, mondo fittizio, il mondo che nasce dalla proiezione psichica del defunto. Data la nostra formazione materialistica a noi per lo piú riesce difficile immaginare un mondo che è reale pur essendo « soltanto psichico ». Tuttavia dobbiamo perdere l'abitudine di associare sempre all'aggettivo « psichico » l'avverbio « soltanto ». Un sasso psichico è reale quanto un sasso materiale, anzi il primo è addirittura il presupposto necessario per l'esistenza del secondo.

Se il defunto vive in un mondo psichico con un corpo psichico tale mondo per lui è realtà assoluta. Esso vive in un mondo che corrisponde a quello in cui era vissuto perché non può proiettare niente di diverso. Come ho già fatto presente, il mondo psichico è un mondo di vibrazioni. In esso il pensiero del defunto assume subito forma di realtà. È un « paese di Bengodi »? Sí e no — perché ha i suoi lati negativi. Perché se è vero che per avere la ricchezza basta desiderarla, è anche vero che si traduce immediatamente in realtà anche la minima angoscia.

Sicché l'uomo in questo stato è in balía dei propri impulsi e pensieri. Può entrare in contatto solo con gli esseri viventi che hanno la sua stessa lunghezza d'onda. Cosí un avaro può entrare in contatto solo con gli avari, un ladro solo con i ladri ecc. Mentre avverte il proprio io interiore come mondo esterno e la sua capacità di capire, la sua autoconoscenza e il suo desiderio di evolvere ulteriormente aumentano sempre piú, l'uomo in questo stato viene aiutato ad elevarsi dagli esseri che hanno già raggiunto uno sviluppo superiore. Però questi esseri possono entrare in contatto con lui solo se egli stesso ne prova il desiderio e quindi crea la « lunghezza d'onda ».

A questo proposito mi sembra non privo d'interesse il fatto che nella cosiddetta « ricerca delle voci », nella quale con l'aiuto di strumenti tecnici si è riusciti a registrare su nastro le voci dei defunti, sia stata riscontrata una correlazione tra la frequenza irradiata e il « livello » della voce dell'aldilà. In altri termini: piú alta è la frequenza emessa, piú evolute sono le risposte che vengono registrate.

In generale l'aldilà viene suddiviso in diverse sfere, per lo piú sette, ordinate gerarchicamente. I nomi e le caratteristiche di queste sfere non sono molto importanti. È importante soltanto il fatto che la prima sfera in cui si entra dopo la morte è determinata dallo stadio di sviluppo spirituale e dal contenuto della vita. Quindi il defunto ha il compito di evolversi, di svilupparsi ulteriormente, di salire nella scala gerarchica mediante maturazione e conoscenza, finché grazie a questa purificazione il desiderio di una nuova incarnazione aumenta in lui in misura determinante.

Dopo la « discesa » attraverso le sfere il corpo spirituale può nuovamente incarnarsi nel mondo materiale. Momento e scelta dei nuovi genitori sono determinati dai contenuti della vita precedente e dalle necessità per la nuova vita da essi risultanti. Quindi l'incarnazione è possibile solo nel momento la cui qualità rispecchia in modo adeguato il contenuto della persona. In questo punto karma e astrologia collimano. Nella fecondazione i due genitori non fanno che mettere a disposizione la materia alla quale un'anima può unirsi. Quindi chiedersi quando inizia la vita non ha assolutamente senso. La vita non ha né inizio né fine ma si limita a mutare la propria forma fenomenica.

> *« La morte non è che una pausa di riposo: il riposo notturno prima del mattino della vita che verrà, nel quale riprenderai la tua funzione incompiuta con forze fresche e animo lieto per raggiungere a poco a poco la completezza ».*
>
> Kalidasa

L'APPLICAZIONE ALLA REALTA'

Ai limiti del razionale

> « L'immagine fisica del mondo è falsa non a causa di ciò che afferma ma a causa di ciò che tace ».
>
> C.F. von Weizsäcker

Attualmente il mondo assomiglia a un'estesa comunità religiosa: il Dio si chiama « ratio », e i suoi sacerdoti sono gli scienziati naturalisti che rivelano le sue dottrine alla massa dei fedeli con un linguaggio incomprensibile detto terminologia specialistica. E guai a chi dubita della verità o infallibilità delle dottrine! Viene subito scomunicato e radiato dal novero degli uomini illuminati. Oggi si ironizza sul dominio della Chiesa nel medioevo e non ci si accorge che formalmente nella struttura da allora ad oggi non è cambiato nulla; l'unica differenza è che la funzione della Chiesa è stata assunta dalle scienze naturali. Nelle pagine che seguono cercheremo di capire se questo « cambio della guardia » ci abbia qualitativamente migliorati o peggiorati.

L'uso del termine « scienza » presenta qualche difficoltà. L'aggettivo « scientifico » presuppone istanze ben definite per quanto concerne il pensiero e il metodo di ricerca, alle quali io non ho niente da obiettare. Ho molto da dire invece su ciò che oggi, quale prodotto di questo pensiero scientifico, viene presentato come « scienza ». Per non essere frainteso faccio presente subito che quando parlo di scienza intendo sempre la forma che essa ha assunto oggi.

Il trionfo delle scienze naturali è merito della fisica. È comprensibile che fosse la fisica ad occuparsi per prima del mondo materiale e a ricercarne le leggi. Fin qui nulla da eccepire. Però nell'entusiasmo delle vittorie conseguite essa ha tratto due deduzioni erronee:

Primo, dimenticando di aver concentrato la propria ricerca su *un solo* polo della realtà, la materia, la fisica ha generalizzato le leggi scoperte attribuendole all'intera realtà.

E questa prima dimenticanza ha generato automaticamente il *secondo* errore; la fisica ha considerato vincolanti anche per altre discipline i criteri della propria ricerca senza pensare che non tutte le discipline hanno a che fare con la sola materia.

Fra lo studio della legge della leva e lo studio di una nevrosi c'è differenza. Se riferite a contesti materiali le attuali conoscenze delle scienze naturali sono esatte; riferite alla realtà sono e rimangono invece assolutamente inesatte.

Il problema non si poneva finché la scienza credeva in una immagine materialistica del mondo. Poi la situazione è cambiata. Infatti oggi proprio la fisica, che ha posto le basi del materialismo, in seguito ai risultati ottenuti si vede costretta — ironia del destino — a rivedere le proprie posizioni materialistiche. Sicché attualmente — fenomeno grottesco — mentre tutte le discipline non fisiche continuano ad emulare fanaticamente la fisica di ieri e a considerarla il modello per eccellenza, la fisica stessa ha già mutato rotta, si pone già nuovi traguardi. Il fenomeno comunque è stato registrato soltanto da pochi; la visione d'insieme non è ancora il « forte » delle scienze specialistiche. Per cui si riscontra che, mentre gli psicologi tentano di curare le nevrosi con l'elettroshock, un uomo come il professor Carl Friedrich von Weizsäcker si occupa della forza Kundalini, che, secondo gli Yoghi, l'uomo sviluppa mediante la meditazione.

Le scienze naturali hanno edificato su un'ipotesi erronea e quindi debbono necessariamente arrivare a risultati erronei; anche il metodo piú esatto non può cambiare nulla. Se io imposto un'equazione in base ad un'ipotesi erronea non posso avere che un risultato erroneo, anche se il mio calcolo è esatto al cento per cento. E se il mio risultato viene criticato, continuare a ripetere di non aver commesso errori di calcolo non ha senso. Ebbene, la scienza oggi si comporta esattamente cosí. Non mette in dubbio le proprie ipotesi di partenza argomentando sulla propria metodica.

Anche per questo — ripeto — non mi auguro il riconoscimento da parte della scienza dell'astrologia e discipline affini. Facendo proprio un modello corretto la scienza non diventa migliore. Poiché la scienza nella sua forma attuale ha i giorni contati io farei invece una controproposta. Si può ottenere qualcosa di sostanzioso solo se si offre qualcosa di nuovo. Il pensiero naturalistico ha rappresentato una fase necessaria dello sviluppo. Però ogni passo avanti tende a portare alle conseguenze estreme, stato che viene soppiantato da uno sviluppo contrario. Questo avviene in tutti i campi, in musica, nella moda, in pedagogia, nei problemi del sesso e nei grandi movimenti dello spirito umano. Per lo piú si scopre a posteriori dove risiedeva l'« aurea mediocritas ».

Oggi viviamo in un'epoca di capovolgimenti. Oggi il pensiero razionale ha raggiunto il suo limite estremo, quindi induce la comparsa dell'irrazionale quale forza antitetica. Nelle stesse file degli scienziati si avverte questa dualità: da un lato le nuove teorie della fisica quantica, dall'altro — fenomeno molto piú marcato — la critica mossa dall'estrema sinistra alla cosiddetta « scienza borghese ». E fuori della roccaforte della scienza questo rovesciamento, questo passaggio dalla razionalità all'irrazionalità, è ancora piú evidente: è iniziato grosso modo con la comparsa degli *hippies* e con l'uso degli stupefacenti. Essendo i primi tentativi di sfondamento delle mura del razionale e di reperimento di esperienze metafisiche, i metodi naturalmente erano ancora primitivi e imperfetti. Gli interessati se ne accorsero ben presto, e cercarono metodi migliori per raggiungere la stessa meta.

Per questa via furono scoperte le filosofie orientali, l'induismo e soprattutto il buddhismo, lo yoga e le tecniche di meditazione, comuni a tutti. Antichi libri di massime indiani e cinesi ebbero grande successo fra i giovani. Infine per la via indiretta delle religioni orientali fu riscoperto addirittura Gesú, e i seguaci di questa corrente si autodefinirono « Jesus people ». L'India seppe sfruttare questa moda mettendo a disposizione santoni, adulti e fanciulli.

Nello stesso tempo aumentò l'interesse per la parapsicologia di vasti strati. La PSI divenne formula magica. Con enorme rapidità giornalisti abili e solerti raccolsero dagli archivi sorprendenti casi di fenomeni paranormali e li servirono alle masse affamate di PSI sotto forma di libri. È un'industria fiorente: i bastoncini fumogeni e le immagini di Buddha si vendono bene. Si « scoprí » l'agopuntura e con essa la capacità, fino allora taciuta, di medici e non medici di guarire con mezzi naturali. Mentre qualche anno fa l'espressione « training autogeno » era compresa da pochi, oggi quasi tutti sanno che cos'è. Le Case editrici hanno il coraggio di vendere libri di astrologia divulgativa al prezzo di 70-100 marchi.

E non sono che le prime avvisaglie di uno sviluppo che io definirei « ondata mistica ». Se la approvo o meno è un'altra faccenda. Per quanto ci riguarda è importante soltanto prendere atto del fatto che il fenomeno è iniziato e rappresenta l'inconscia reazione di coloro che prima credevano nella scienza, perché le speranze che l'uomo inconsciamente riponeva nella scienza sono andate deluse. Inoltre non si credeva piú nelle dottrine della Chiesa, per cui l'anima come « indennizzo » si aspettava dalla scienza una nuova forma di salvezza. La scienza alimentava questa inconscia aspettativa perché — secondo gli scienziati — si era sempre alla vigilia della soluzione di tutti i problemi. Invece la soluzione è mancata, in sua vece si sono avute varie teorie sempre piú effimere e sempre piú provvisorie. Ciò che era valido soltanto ieri, oggi è già superato. Di conseguenza le persone in attesa diedero vita ad un'inflazione di « psichismo ».

Oggi si comincia a poco a poco a cercare di nuovo la salvezza là dove essa ha sempre avuto sede: nell'irrazionale. Naturalmente questo mutamento di rotta non può essere rapido né privo di attriti. Per il momento ha optato per esso soltanto la psiche inconscia, il cui lavoro non viene agevolato dalle opposte tendenze consce. Si cercano compromessi, uno dei quali è rappresentato dalla « parapsicologia scientifica ». L'aggettivo « scientifica » tranquillizza la mentalità tradizionalista, i temi della parapsicologia soddisfano soprattutto l'inconscio desiderio di conoscere l'« altra » parte della realtà. Anche per questo oggi la parapsicologia riesce a farsi accettare da un pubblico vasto, mentre un'offerta che si definisca ascientifica scatenerebbe panico e reazioni di difesa.

Il fallimento della scienza è tanto clamoroso che si può senz'altro parlare di cecità isterica per quanti parlano ancora di successi. Dove sono questi successi? Mai l'uomo si è sentito sradicato come oggi. Mai ci sono stati tanti suicidi. Mai si sono avute tante malattie mentali. Dove sono quindi i successi? Da quando esiste la medicina moderna il numero dei malati non è diminuito affatto. Siamo piú soddisfatti o piú felici? Abbiamo compreso meglio il senso della vita? Conosciamo la realtà meglio di prima?

Questi sono i problemi centrali e vitali dell'uomo come tale. Che significato hanno gli sviluppi tecnici, se non fanno che moltiplicare i problemi? Io non sono contrario alle conquiste della tecnica e alle comodità che ne derivano, sono contrario al fatto che questo sviluppo viene portato avanti unilateralmente trascurando le conseguenze che ne scaturiscono. Che razza di conquista è il concime artificiale se dopo qualche anno si scopre che gli alimenti sono tossici? A che servono le moderne costruzioni di cemento armato se imprigionano i campi bioelettrici come gabbie faradiche?

Non che io rimpianga un'età dell'oro in cui tutto era sano e ordinato. Al contrario, ritengo le scienze naturali — e l'ho già detto — uno sviluppo necessario, un passo necessario e positivo dovuto alla decisione di orientarsi nel nostro mondo concreto e di classificarlo, e di osservare e definire eventi e strutture. Però un giorno o l'altro questa fase di osservazione e descrizione di correlazioni funzionali dovrà riconoscere i propri limiti e cedere il passo ad altre fasi necessarie.

Io rivolgo la mia critica allo sconfinamento in territori non conosciuti. L'arricchimento e l'ampliamento del campo di azione ad opera di fatti nuovi hanno prodotto uno sradicamento dell'uomo dalla sua tradizione. Se si porta avanti l'analisi fino al punto di dimenticare l'unità e le leggi, si scopre — per forza di cose — un caos di casualità, che poi si cerca di controllare e riprendere in pugno con il calcolo statistico delle probabilità. Risultato: l'uomo moderno — che ha perduto completamente il senso della propria appartenenza al cosmo e alla natura e si crede inesorabilmente in balía del caso e del destino; un uomo che per non sembrare ascientifico non osa chiedersi quale sia il senso della vita.

11. Medicina

> « *La materia in sé non esiste, esiste soltanto il vivificante, invisibile, immortale spirito, causa prima della materia ... con il misterioso creatore che non mi perito di chiamare Dio* ».
>
> *Max Planck*

L'errore della scienza si ripercuote pesantemente soprattutto sulle discipline che si occupano dell'uomo vivo, cioè la medicina e la psicologia. Paracelso conosceva ancora le grandi correlazioni cosmiche cui partecipano piante, animali e uomini. Per lui un medico che non conoscesse l'astrologia era un ciarlatano. Oggi si afferma il contrario! Costituivano la base della sua poderosa scienza non solo l'astrologia, ma anche, e soprattutto, l'alchimia e la botanica. La medicina moderna si è scrollata di dosso tutta questa « zavorra medioevale » e ha cominciato ad analizzare a fondo la materia. Si è scomposto e analizzato il corpo in parti sempre piú piccole — operazione che non è ancora terminata. Meglio si conosce il dettaglio, meglio si riesce a localizzare e a combattere ogni singola malattia. Sicché dall'immagine dell'« uomo ammalato » si è arrivati automaticamente all'« organo ammalato ». Quindi la scienza è specializzazione; ciascuno si occupa unicamente di un piccolo settore del corpo fisico.

Il problema della medicina è a questo punto. L'uomo come unità è qualcosa di diverso dalla somma di tanti singoli elementi misurabili. Perciò la prima cosa, e la piú importante, è chiedersi se è ammalato o sano *l'uomo*. Se è ammalato, il problema della localizzazione di questa malattia è secondario. Se voglio cogliere la causa della malattia devo curare l'uomo intero.

Ma dove ha sede la causa di una malattia? La medicina crede di poter individuare questa causa analizzando le singole funzioni. Questo purtroppo è un errore perché in seno al corpo umano nessuna funzione è autonoma, ma tutte le funzioni obbediscono a un principio organizzatore e necessitano di un'informazione. Altrimenti un corpo morto sarebbe ancora vivo — dato che dopo la morte la struttura materiale non si modifica. Quando in una persona ammalata una funzione non si compie come dovrebbe compiersi significa che è intervenuto un mutamento di programma. Ma il programma, o informazione, è immateriale e si identifica col cosiddetto corpo astrale.

Ma come si arriva a questo mutamento dell'informazione? Come sappiamo, il caso non esiste. Parlando della realizzazione dei programmi astrologici abbiamo detto che determinati programmi possono venire svolti su piani diversi. Quindi quando un individuo non svolge un determinato programma, simboleggiato da una data disposizione dei corpi celesti, né spiritualmente né psichicamente, alla fine il problema non risolto si realizza sul piano somatico. Questa modificazione, che noi chiamiamo malattia, denuncia il fatto che su qualche piano il soggetto ha vissuto o agito in modo errato, non consono alla realtà.

Quindi la malattia è sempre un invito a correggere le proprie abitudini, a capire. E a sua volta anche la malattia è forma di un contenuto. Individuare il contenuto corrispondente, prendere coscienza del problema non capito, significa eliminare la causa della malattia. Qualsiasi terapia che non tenga conto del reperimento della causa cura non la malattia, ma i sintomi della stessa. Identificare il concetto di malattia con la sintomatologia è un errore. Ciò che importa è stabilire se una persona è ammalata o sana; i sintomi con i quali la malattia si manifesta sono un fatto secondario.

Stando cosí le cose, sono determinate da fattori psichici tutte le malattie, non soltanto le cosiddette malattie psicosomatiche di recente riconosciute. Data la resistenza opposta dalla medicina classica, che stenta ad adeguarsi al nuovo modello di malattia psicosomatica, è pienamente comprensibile la cautela con cui procedono gli psicanalisti. Sono anche riusciti ad introdurre un certo mutamento nella impostazione del pensiero, benché l'alto grado di sviluppo della medicina ufficiale ponga limiti molto stretti. Cosí all'Università di Monaco gli studenti di medicina possono frequentare lezioni di psicosomatica, che però sono facoltative ed estremamente diluite nel tempo: un'ora al semestre. Non è certo una base da cui possa prendere l'avvio una riforma ufficiale del pensiero medico.

A questo punto mi si obietterà che il mio punto di vista, se può essere giusto per un certo numero di malattie, evidentemente non può venir applicato alle numerose malattie dovute ad agenti patogeni o alle conseguenze degli incidenti. Però chi muove queste eccezioni è ancora legato, senza rendersene conto, al concetto di casualità, che io contesto ritenendolo non giustificato. È lo stesso problema che abbiamo già trattato parlando degli incidenti e rispettive conseguenze. Gli agenti patogeni non sono la causa delle malattie, ma il mezzo tramite il quale lo « stato di malattia » può realizzarsi. Gli agenti patogeni sono la causa dei singoli sintomi, ma non della malattia in sé. Allo stesso modo un incidente è soltanto la realizzazione di una necessità potenziale di alterazione dello stato di salute. Gli assicuratori hanno già pilotato in questa direzione anche la scienza. Cosí da ricerche condotte nelle grandi fabbriche è risultato che nell'80% degli incidenti era coinvolto soltanto il 20% degli operai. Stabilito questo, il problema diagnostico si sposta dall'interrogativo « Come si è ammalati? » all'interrogativo « Perché si è ammalati? ». Anche per questo il primo intervento terapeutico deve cercare sempre di rispondere a questo « perché ». La teoria è piú semplice della pratica, è vero. Però esistono metodi appositi. Attualmente esistono tre impostazioni metodiche in questa direzione:

1) la concezione psicoanalitica, che tenta di individuare le cause della malattia e della sua estrinsecazione simbolica mediante l'analisi biografica;

2) la medicina antroposofica, che ha dell'uomo e della malattia una concezione che si avvicina molto a quella fin qui rappresentata; e

3) la diagnosi astrologica, che rappresenta senza dubbio la soluzione piú elegante e piú esatta del problema diagnostico.

Questa terza possibilità viene utilizzata anche da alcuni medici, che però sono troppo pochi per portare questo metodo alla sua piena possibilità di resa. Le possibilità potenziali della diagnostica astrologica sono molto maggiori di quanto si immagini. I risultati che oggi si raggiungono con questo metodo sono poca cosa in confronto a quelli che si potrebbero effettivamente raggiungere. Purtroppo gli astrologi, anche i piú qualificati, mancano di preparazione medica e i medici forniti di preparazione astrologica sono troppo pochi.

Qualsiasi terapia, indipendentemente dalla malattia da curare, cefalea, infezione o frattura ossea che sia, dovrebbe mirare in primo luogo a conoscere la storia dello sviluppo psichico del paziente, che è responsabile della situazione in atto. Se viene informato di questi problemi di contenuto e del loro rapporto con la malattia in atto, il paziente acquista maggiore autoconoscenza, diventa piú consapevole. Il carattere di invito-monito della malattia ha svolto la sua funzione. Solo se accetta la malattia riconoscendone il significato, essa perde la ragione di essere. Infatti la malattia vuol richiamare l'attenzione su un determinato problema, vuol correggere. Nel momento in cui il suo messaggio viene capito, la sua esistenza diventa superflua.

Ora noi non vogliamo assolutamente commettere l'errore di rimproverare alla medicina classica di essere unilaterale, e poi essere noi stessi unilaterali nel senso opposto. Nella maggior parte dei casi la malattia non ha luogo soltanto sul piano psichico, ma anche in quello somatico. Ogni modificazione in seno alla psiche è legata a una modificazione in seno al corpo. Perciò una terapia consapevole di questa polarità, dopo aver individuato la causa psichica della malattia, proseguirà la correzione sul piano somatico. A questo punto si occuperà anche dei sintomi. In questa fase della terapia i nostri obiettivi coincidono con quelli della medicina tradizionale, però i nostri metodi sono molto diversi.

Sappiamo che il nostro organismo mira costantemente a funzionare in modo perfetto. Molti definiscono questo fenomeno «capacità curativa interna». Ebbene, recentemente la cibernetica ha sviluppato modelli che si avvicinano a questo concetto in forte misura. Gli studiosi di questa disciplina parlano di un «sistema omeostatico», cioè di un sistema regolatore del nostro organismo mirante a mantenere un costante stato di equilibrio. Le possibilità dell'organismo di far fronte agli attacchi al proprio equilibrio interno sono tanto grandi e diverse che è molto più sorprendente che una persona si ammali che il fatto che non si ammali per tutta la vita.

Eppure proprio i medici, che sanno meglio di ogni altro quanto grande è il numero dei meccanismi di difesa dell'organismo, si ostinano ancora a cercare la causa delle malattie in deficit delle funzioni fisiche. In condizioni naturali né veleni né agenti patogeni hanno il potere di minacciare l'organismo. Gli influssi esterni possono fungere da aggressori solo quando i meccanismi di difesa vengono bloccati di proposito dalla psiche. Questa diversa disposizione è stata notata dai medici da un pezzo; ciononostante la medicina tenta di risolvere il «problema dell'immunità» con la costituzione o la meiopragia dell'organo ammalato. Ora, chi è al corrente del rapporto che intercorre fra la capacità curativa interna dell'organismo e la causalità psichica della malattia, dopo aver eliminato la causa psichica, sosterrà in modo adeguato soprattutto questa capacità interna.

Pertanto vanno esclusi tutti i metodi che, invece di favorire i processi messi in opera dall'organismo, tendono a bloccarli — vedi il trattamento antipiretico. I farmaci chemioterapici sono considerati scarsamente adeguati a favorire, ad aiutare un sistema regolatore mirante a conservare l'equilibrio interno, perché il medicamento chimico rappresenta per l'organismo un corpo estraneo, che altera ulteriormente l'equilibrio. L'azione su un determinato sintomo non cambia nulla. I danni arrecati all'intero organismo da un medicamento chimico sono ben noti alla medicina, che li ha battezzati « effetti secondari », e il pubblico purtroppo li sottovaluta in ampia misura. La medicina ritiene di dover tollerare questi effetti secondari considerandoli un male necessario.

Ora questi « effetti secondari » non giungono del tutto a sproposito per il paziente della medicina classica. Poiché quest'ultima non elimina le cause psichiche, ma soltanto il sintomo, il trattamento tradizionale cura soltanto quest'ultimo. E, scomparso un sintomo, è giusto che ne compaia un altro. Cosa avviene infatti se il malato, non avendo capito il messaggio, il carattere d'invito-monito della sua malattia, non cambia nulla nella propria struttura psichica e il medico ha eliminato il suo sintomo? Il suo inconscio è costretto a ripetere il tentativo che ha fallito lo scopo — e questa volta lo ripete con un altro sintomo! Il circolo vizioso che si viene a creare è ben noto a tutti coloro che « soffrono sempre di qualcosa », che, appena guariti da una malattia, vengono colpiti da un'altra affezione.

La situazione è grottesca: Mentre la continua comparsa di nuovi sintomi nel malato prova in modo lampante il fallimento della medicina, quest'ultima considera ogni successo sul singolo sintomo una « vittoria terapeutica » e in questo modo fa salire la percentuale dei suoi successi. Meno l'uomo viene guarito dalla sua « malattia », maggiori risultano essere i successi della medicina. Il vecchio medico di famiglia di buona memoria era perfettamente al corrente di queste correlazioni perché conosceva il paziente dalla nascita e non gli erano estranei né la sua famiglia, né i suoi contatti sociali, né i suoi problemi. Invece oggi il paziente viene mandato da Ponzio a Pilato, da uno specialista all'altro, e nessuno piú rileva il fenomeno dello « spostamento della sintomatologia ». Questo fenomeno ha termine quando il tipo di modificazione psichica vuole che abbia termine. Nel caso piú lieve, superata una malattia, non se ne contrae un'altra perché la malattia, oltre al carattere di invito-monito summenzionato, ha anche un valore di esperienza. Questa esperienza di malattia spesso basta per correggere il comportamento. Tutti sanno quanto cambino i bambini dopo una malattia e come gli adulti, superata una malattia, vedano le cose in modo diverso. Invece se l'esperienza vissuta non è sufficiente, seguiranno altre malattie sempre piú serie.

Se però un individuo, nonostante tutte queste misure correttive, si allontana sempre piú dalla sua « formula vitale », la natura è costretta ad eliminarlo; esso viene « tolto di mezzo » da una malattia mortale o da un incidente; perché nel cosmo c'è poco spazio per le deviazioni; se determinati limiti vengono superati il cosmo deve ristabilire l'ordine « in modo brutale ». Ecco perché una malattia mortale o una morte accidentale non sopravvengono mai improvvisamente, come molti credono. Tali eventi appaiono « repentini » solo a chi non ha saputo o voluto capire gli avvertimenti di circostanze precedentemente verificatesi. (Questa considerazione naturalmente non è valida per le persone anziane, nelle quali giunge semplicemente al termine il ciclo della loro vita terrena).

Ecco allora che i faticosi e dispendiosi lavori di ricerca della medicina per sterminare le malattie mortali, il cancro per esempio, appaiono in una luce completamente diversa. La vittoria sul cancro non è utile per nessuno! È inutile come sono state inutili le numerose vittorie su altre malattie. Anche qui incontriamo di nuovo il meccanismo dello « spostamento della sintomatologia ». Alla natura non interessa se si muore di vaiuolo o di cancro o se si va a cozzare con la macchina contro un albero. Le interessa soltanto l'evento letale in sé.

Suona inumano e brutale — ma solo perché il nostro pensiero è male inquadrato, è costretto in categorie sbagliate. Infatti se so che la morte è soltanto una metamorfosi, un passaggio da un piano ad un altro, e che la morte prematura o violenta non è frutto del caso, ma forma di un contenuto offerto dalla vittima stessa, quanto detto non suona piú tanto brutale e inumano. Ma l'immagine ruota di 180°, e improvvisamente appare disumana l'inconsulta condotta della medicina, che priva il destino, e quindi anche l'uomo, di una causa di morte dopo l'altra costringendolo a cercare continuamente nuove e piú complicate possibilità di realizzazione.

Significa semplicemente che molte persone che un tempo sarebbero morte di malattia nel loro letto, oggi per i successi della medicina sono costrette a morire per strada, in seguito a un incidente per esempio. Però anche questa possibilità viene sempre piú ridotta dai « cervelloni » — tramite automobili sicure, cinture di sicurezza, limitazioni della velocità e altri abusi. All'insegna del « salvataggio della vita umana » questa attività viene esaltata e glorificata come spirito umanitario; ma è spirito umanitario mal compreso.

A questo punto è onesto chiedersi se sia legittimo intervenire nel destino altrui. Questo problema naturalmente non riguarda soltanto la medicina, però per i medici è di importanza determinante. Se si sa che il caso non esiste e si attribuisce un significato ad ogni evento, e quindi anche a una malattia, e a un incidente, « aiutare e salvare ad ogni costo » diventa un concetto opinabile. In fin dei conti interferire nel corso del destino altrui significa ledere gravemente l'autonomia personale del prossimo; per cui sorprende molto il fatto che questo problema non venga quasi discusso.

Chi autorizza il medico a mantenere in vita un neonato non vitale, che non vuol vivere, se poi, dopo questo atto grandioso, non si occupa piú di lui? I genitori non possono dargli questa autorizzazione perché proprio loro sono i responsabili della nascita di un bambino non vitale. Il bambino che nasce da un matrimonio armonico e felice, che è atteso con gioia da entrambi i genitori, è vitale! Mentre il bambino che nasce da un'unione illegittima, che durante la gestazione viene rifiutato, non può venire al mondo che in un momento che già nell'oroscopo rispecchia la sua scarsa vitalità. Il fatto che la natura cerchi di sopprimere questa creatura è un evento naturale e sano.

Ma il signore in camice bianco non sa niente di tutto ciò! Lui è il grande salvatore dell'umanità e ha il dominio sulla vita e sulla morte! E mentre da un lato la mortalità infantile diminuisce, dall'altro il mondo si stupisce per l'aumento della criminalità, delle malattie mentali e dei suicidi. Con la stessa «impudenza» fa camminare i paralitici e dona la vista ai ciechi. Forse non è un caso che quasi tutti i ciechi che hanno riacquistato la vista grazie all'arte medica si siano ammalati di gravi forme depressive, e alcuni si siano tolti la vita.

Parlando del karma ho definito questa vita risultato finale della vita precedente. Chi in questa vita si porta dietro una malattia o una mutilazione congenita ha il dovere di realizzarsi in questo ruolo assegnatogli. Che lo si chiami fatalismo o meno, poco importa. L'importante è avere rispetto per l'uomo e per la sua autonomia e non pretendere di modificarlo «a propria immagine e somiglianza». Se io mediante misure terapeutiche privo queste persone della loro specifica forma di esperienza e di sofferenza, le costringo a cercare una nuova situazione adeguata.

È ora di finirla col concetto di compassione, che in realtà serve soltanto a scusare le proprie prepotenze. Queste correzioni per compassione sono dettate dalla ripugnanza per un aspetto della realtà che la vista di un malato costringe a ricordare costantemente. La sofferenza di un paralitico o di uno storpio evidenzia simbolicamente la possibilità di « dover soffrire ». Ma poiché nessuno vuol essere costretto a ricordarlo, si compiono i massimi sforzi per normalizzare tutti o, nel caso non si riesca, per mantenerli in istituti « chiusi ». Il desiderio di curare il prossimo è espressione della propria inconscia paura dell'imperfezione.

Ora non è semplice tirare una linea di demarcazione netta fra il diritto di aiutare e l'aiuto quale prepotenza. Ma piú importante di una linea di demarcazione netta è il fatto che siano coscienti del problema coloro che si occupano di terapia. Essi dovrebbero vagliare attentamente la situazione e stabilire, caso per caso, se fino a che punto la malattia è un mezzo perché il destino si realizzi o un ammonimento della necessità di correzione. Nel primo caso la terapia dovrà limitarsi a spiegare al paziente il significato della sua sofferenza e a conciliarlo con il suo destino. Nel secondo si procederà nel modo descritto all'inizio, prima informando il paziente delle cause psichiche della sua malattia, poi coadiuvando la capacità curativa interna.

Poiché ho criticato i metodi della medicina, è giusto che suggerisca alternative terapeutiche. Ce ne sono, e non poche; e per lo piú sono reperibili sotto il titolo comprensivo di « medicina naturistica ». Vorrei tratteggiare una breve panoramica dei metodi piú importanti — informazioni piú dettagliate ci allontanerebbero dal tema fondamentale della nostra trattazione; quindi per esse si rimanda alla letteratura specialistica.

Va ricordato per primo il grosso contingente degli interventi disintossicanti. Questi metodi provocano l'eliminazione dall'organismo di tossine, veleni e agenti patogeni. Il processo corrisponde alla reazione naturale dell'organismo, che elimina le sostanze tossiche mediante il vomito, la diarrea o eruzioni cutanee. Menzioniamo come esempio il baunscheidtismo. Come « organo eliminatore » vengono impiegate zone cutanee in corrispondenza delle quali la pelle viene punta e poi trattata con un olio revulsivo. In questo modo vengono portate alla superficie tutte le sostanze estranee, che l'organismo elimina sotto forma di grosse pustole. La possibilità e l'importanza di questo tipo di depurazione dell'organismo oggi vengono completamente trascurate. Eppure tale trattamento è in grado di sconfiggere un enorme numero di malattie.

Un altro gruppo di terapie naturistiche comprende l'agopuntura e le terapie neurali. L'agopuntura classica, nata 5.000 anni fa dalla teoria filosofica cinese della polarità fra Yin e Yang, conosce un sistema di dodici « meridiani », dei quali sei appartengono al principio Yin, sei al principio Yang. Per meridiani si intendono traiettorie o canali lungo i quali, secondo la concezione cinese, circolerebbe l'energia vitale. Secondo tale teoria la malattia è la risultante di uno squilibrio fra principio maschile (Yang) e principio femminile (Yin). L'agopuntura ripristina l'equilibrio fra i due sistemi tramite l'infissione di aghi in determinati punti — se ne conoscono oltre settecento.

Il Dr. Voll, medico, ha perfezionato il metodo classico dell'agopuntura sviluppando un sistema che è conosciuto col nome di elettroagopuntura. Con un apparecchio elettrico da lui ideato è possibile: 1) diagnosticare le malattie, misurando elettricamente i diversi punti dell'agopuntura; 2) curarle stimolando elettricamente determinati punti; e 3) saggiare l'efficacia dei medicamenti.

Quest'ultimo punto, conosciuto col nome di test dei medicamenti, è tanto interessante che desidero illustrarlo dettagliatamente. Nella misurazione a scopo diagnostico, mentre il paziente tiene in mano un elettrodo dell'apparecchio, il medico con l'altro elettrodo, che ha la forma di una matita, tocca i vari punti dell'agopuntura, ciascuno dei quali corrisponde ad un ben determinato organo del corpo. Ora se quando il medico tocca determinati punti l'indice dell'apparecchio presenta una caduta, è possibile trarre deduzioni diagnostiche. Se mentre cosí si procede si mette in mano al paziente una provetta contenente un dato medicinale, l'indice dell'apparecchio rivela se il medicinale è adatto o meno a curare l'affezione in atto. È l'unico sistema che ci consenta di saggiare i medicamenti prima della loro somministrazione. La cosa suona insolita perché l'elettroagopuntura, sebbene adottata con sommo successo da oltre dieci anni, non è ancora riconosciuta dalla medicina ufficiale. Questo ritegno è comprensibile se si pensa che il riconoscimento dell'agopuntura avrebbe conseguenze di portata mondiale per il pensiero medico. Tornerò sul test dei medicamenti a proposito dell'argomento che segue: l'omeopatia!

L'omeopatia è un metodo di preparazione dei medicamenti sviluppato da Hahnemann (1755-1843). Punto di partenza è una tintura madre estratta da vegetali, animali o minerali. Se mescolo una parte di questa tintura con 9 parti d'acqua o di alcool ottengo un medicamento di prima potenza, o, abbreviando, D 1. Se prendo una parte di questo medicamento di prima potenza e agitando 10 volte la unisco a 9 parti d'acqua ho un medicamento di seconda potenza o D 2. Questa soluzione contiene soltanto un centesimo della tintura madre. In questo modo si possono preparare medicamenti di qualsivoglia potenza decimale. Alla sesta potenza (D 6) la diluizione corrisponde a una parte di medicamento su 1 milione di parti d'acqua. Tuttavia in omeopatia D 6 è considerata ancora una potenza bassa, in quanto si opera con potenze di D 100 e oltre.

Una mente scientificamente impostata per lo piú non riesce a rendersi conto di fenomeni del genere. È dimostrabile che un medicamento della potenza D 30 non possiede piú nemmeno una molecola della sostanza della quale porta il nome, cioè è acqua pura. Eppure tutti quelli che sono entrati in contatto con l'omeopatia giurano sulla sua efficacia e la sua capacità terapeutica. Dov'è la soluzione? È noto che possono produrre effetti anche medicamenti inefficaci se l'assunzione degli stessi è accompagnata dalla necessaria suggestione. Sono i cosiddetti placebo. Comunque tre argomenti escludono la suggestione e dimostrano l'efficacia dei medicamenti omeopatici.

1) I farmaci omeopatici agiscono anche sugli animali, per i quali non si può pensare alla suggestione.

2) Allo scopo di dimostrare l'efficacia dei medicamenti

omeopatici, per scongiurare il pericolo del divieto di produzione degli stessi ad opera della Comunità Economica, le ditte interessate e in particolare i laboratori della sezione scientifica della Libera Università del Goetheanum hanno condotto una serie di esperimenti su vasta scala. È stata controllata l'azione delle diverse sostanze potenziate sulla crescita dei germogli e dei vegetali in condizioni sperimentali strettamente scientifiche. Non ritengo opportuno illustrare qui come furono impostati gli esperimenti e i dettagli d'ordine statistico. Si invita il lettore che desideri conoscerli a consultare volumi specializzati sull'argomento.

A noi interessano soprattutto i risultati: « Tutte queste ricerche hanno dimostrato in modo concorde che le " potenze " agiscono sulla crescita dei vegetali inibendola, favorendola o intervenendo nei processi di metamorfosi. Questi effetti, riproducibili, non possono venir attribuiti a suggestione. Sorge imperioso l'interrogativo: Come è fatta la materia, se è suscettibile di potenziamento? » (Wilhelm Pelikan in « *Potenzierte Heilmittel* ») *.

3) Il test dei medicamenti tramite l'apparecchio per la elettroagopuntura. Come già accennato, l'indice dell'apparecchio del Dr. Voll reagisce ad un medicamento chiuso in una provetta sigillata che viene semplicemente tenuta in mano dal paziente. Il concetto tradizionale di materia non riesce a spiegare né l'effetto di una sostanza chiusa in un recipiente sul risultato della misurazione, né tanto meno le diverse reazioni dell'indice ai diversi medicamenti potenziati e alle varie potenze, perché secondo la scienza tutte queste provette contengono acqua e basta.

Quindi l'omeopatia è stata dimostrata sperimentalmente grazie ad esperimenti che soddisfano tutte le condizioni poste dalla scienza ufficiale, e in particolare la riproducibilità. Ciononostante scienziati e giornalisti non si peritano di sbandierare la loro ignoranza in lunghi articoli contro l'omeopatia (vedi ad esempio il commento dello « Spiegel » al Congresso internazionale di omeopatia di Vienna del 1973!).

* « Medicamenti potenziati ». (N.d.T.).

Come e perché l'omeopatia agisca, non si sa. Tuttavia la risposta a questi interrogativi è deducibile da quanto è stato detto fin qui. Si rammenti: Tutto ciò che vive è costituito da corpo, anima e spirito. L'anima viene definita anche corpo astrale o energetico. Come l'individualità dell'uomo ha sede nella sua anima, nel corpo astrale, cosí l'individualità della pianta, medicinale e non, risiede nel corpo astrale della pianta. Esso è il detentore dell'individualità specifica della pianta medicinale. Nel potenziamento, che non è identificabile con la diluizione, per gli scuotimenti cui viene sottoposta la miscela, il corpo astrale della pianta medicinale si stacca via via dalla pianta e si unisce al diluente, l'acqua. Sicché l'acqua detiene l'informazione della pianta.

In altri termini: Il potenziamento è un passaggio della sostanza dallo stato ponderabile allo stato imponderabile. Nel primo corso per i medici Rudolf Steiner dice: « Piú diluisco, piú potenzio, fino ad arrivare al punto zero, in corrispondenza del quale la sostanza non agisce piú nel suo stato ponderabile. A iniziare dal punto zero se continuo a diluire compare l'opposto della sostanza di partenza che viene incorporato dall'acqua ». Cosí si spiega l'efficacia terapeutica dell'omeopatia: Il medicamento potenziato agisce non sull'organismo, sul corpo materiale, ma direttamente sul corpo astrale nel quale risiede la causa di ogni malattia.

L'informazione immateriale di un medicamento omeopatico corregge l'informazione responsabile della malattia che ha sede nel corpo astrale. Mentre i medicamenti allopatici provocano modificazioni sul piano materiale, il medicamento omeopatico colpisce la malattia nella sua sede di origine. Ecco perché non si hanno effetti secondari. Inoltre, poiché viene curata la malattia e non il sintomo, non si verifica il fenomeno dello « spostamento della sintomatologia ». Cosí si spiega anche perché l'apparecchio per l'elettroagopuntura può misurare e mettere in rapporto con la malattia il medicamento chiuso in una provetta: la misurazione avviene sul piano immateriale. Chi si meraviglia ricordi che anche la corrente elettrica è immateriale! Concludendo: è possibile non solo fotografare, ma anche misurare elettricamente il corpo astrale delle piante, degli animali e dei minerali.

Spero di essere riuscito a chiarire i tre punti seguenti:

1) l'importanza pratica del modo di concepire il mondo. Il concetto di materia da cui si parte non è indifferente. Per la nostra vita di ogni giorno esso al contrario è di importanza determinante. È importante credere nel caso o nel determinismo oppure credere o meno nella reincarnazione. Con questo intendo dire che, pur rappresentando un hobby per chi non sa come occupare il tempo, i problemi metafisici o parapsicologici evidenziano in realtà ad ogni pie' sospinto le conseguenze di un determinato indirizzo del pensiero. Perciò ognuno di noi è inesorabilmente chiamato ad optare pro o contro determinate concezioni di base;

2) l'errore fondamentale della medicina: non voler discutere il problema. In tal caso, inutile muovere critiche a singoli metodi o singole tecniche della medicina moderna. Finché la medicina non riconoscerà di essere partita e di prendere tuttora le mosse da un modello sbagliato, i suoi errori non diminuiranno nonostante l'« ulteriore sviluppo ». Ma poiché un'istituzione imponente e ricca di tradizione qual è la medicina potrà modificare radicalmente il proprio pensiero solo dietro insistenti pressioni dall'esterno, il suo avvicinamento alla realtà — sia pure graduale e lento — non avrà luogo di certo in un futuro prossimo;

3) le alternative alla medicina ufficiale: una critica per essere seria dev'essere soprattutto costruttiva, deve suggerire una controproposta. La medicina possiede numerosi metodi che si ispirano al modello illustrato e la cui efficacia è provata da decenni, per alcuni addirittura da secoli. Quindi la validità di questa offerta può essere controllata da chiunque e chiunque può sostituire, anche in questo campo, la fede con la « conoscenza ».

12. Psicologia

> « Lo so che le università non sono piú considerate detentrici della fiaccola del sapere. Si è stanchi della mania specialistica, dell'intellettualismo razionalistico. Si vuol sentir parlare della verità, che non restringe le menti ma le allarga, che non oscura ma illumina, che non scorre via come l'acqua, ma penetra commovendo fino alle midolla ».
>
> C.G. Jung

Prendere in considerazione la psicologia nel nostro contesto è interessante ma anche complicato. Interessante perché la psicologia è la disciplina piú vicina al nostro tema, complicato perché quella che secondo il profano dovrebbe essere psicologia non ha niente in comune con la cosiddetta psicologia scientifica. Chi non è psicologo crede che gli psicologi, essendo profondi conoscitori della psiche umana, siano ottimi conoscitori dell'uomo, sappiano dedurre i tratti fondamentali del carattere di una persona già da segni esterni e quindi conoscano le piú misteriose correlazioni psichiche. Responsabili di questa opinione sono i numerosi articoli dei rotocalchi e gli articoli pseudoscientifici di divulgazione che definiscono i sogni e determinate manifestazioni esterne espressione di un determinato carattere. Oggi la psicologia va di moda, per cui il prefisso « psico » conferisce il « flair » del segreto svelato a qualsiasi vocabolo.

Se però il profano tenta di penetrare in profondità nel campo della psicologia si imbatte ben presto nelle opere di Sigmund Freud, e a questo punto le sue aspettative non restano deluse: scopre correlazioni fra simbolo e realtà che non sospettava nemmeno. Per cui succede che la psicologia viene praticamente identificata con la psicoanalisi di Freud. In realtà la situazione è completamente diversa. La psicologia si occupa di tutto tranne che della psiche; tratta i settori piú disparati, e l'unico del quale non si occupa è proprio la psiche. Il concetto di psiche o anima altererebbe addirittura il concetto scientifico di psicologia. Perciò gli psicologi definiscono la loro specialità « dottrina dell'esperienza e del comportamento dell'uomo ». Con questa definizione il problema è stato spostato dal centro alla periferia, poiché esperienza e comportamento non sono che funzioni della psiche.

Vediamo quali sono i paralleli con la medicina. Vengono individuate e accuratamente analizzate le funzioni, senza curarsi delle cause e della sede d'origine delle stesse. In fisica e in medicina questo modo di procedere è ancora accettabile, perché i fenomeni che esse studiano si manifestano principalmente sul piano materiale. Mentre invece la psicologia, il cui campo d'indagine è di natura immateriale, avrebbe avuto *ab initio* la possibilità di non commettere l'errore di impostare materialmente le proprie ricerche. Le istanze iniziali della psicologia non tengono conto di questa esigenza come si converrebbe. L'istanza piú importante per una ricerca prettamente psicologica era stata fornita da Sigmund Freud. Come impostazione mentale Freud era un materialista, tuttavia con la sua tecnica della psicoanalisi egli ha fornito uno strumento di indagine psicologica che è indipendente dal materialismo.

Delle sue conquiste ha fatto tesoro C.G. Jung, che ha proseguito gli studi nel senso indicato dal maestro con conseguenzialità. Eliminando gli stretti confini unilaterali della teoria freudiana e creando, con l'operato di tutta una vita, una psicologia orientata esclusivamente in senso psichico e ossequiente a leggi proprie. Nella sua genialità Jung comprese chiaramente il ruolo della psicologia e la elevò alla dignità di scienza abbracciante tutte le altre discipline.

Oggi la psicologia avrebbe raggiunto traguardi inimmaginabili se avesse basato le proprie ricerche sulle numerose acquisizioni e scoperte di Jung dando vita a una conseguente indagine analitica. Invece gli studiosi con sovrana cecità hanno trascurato questo filone perché un'altra corrente si adattava meglio allo schema tradizionale del pensiero: dall'America fu importato il behaviorismo. Da quel momento l'indagine psicologica obbedisce ai principii della fisica. Lo si è ammesso apertamente: Solo operando coi metodi della fisica la psicologia può sperare di essere presa in considerazione dalle scienze naturali e dalle scienze esatte.

In preda a questa manía della definizione gli studiosi iniziarono subito a rendere i fenomeni psicologici misurabili e quantificabili. Esperimento e statistica divennero gli strumenti indispensabili dello psicologo. Per amore dell'esattezza rinunciarono di buon grado a studiare la psiche stessa. Si misero a misurare e a valutare ... e non hanno ancora finito di procedere in questo modo. Per non prestare il fianco a critiche dichiararono *tout court* antiquati e non scientifici tutti i metodi, risultati e teorie non controllabili in senso statistico. Oggi è sotto processo, sta subendo questa epurazione, persino la psicoanalisi di Freud, che era stata tollerata grazie alla sua possibilità di applicazione in campo terapeutico. Oggi, poiché si crede di poterne fare a meno, si definisce non scientifica anche la psicologia dell'inconscio.

La conclusione è edificante: lo psicologo ufficiale, scientifico, non sa praticamente niente! Vive di rendita a spese dei pregiudizi del profano, il quale crede che sappia qualcosa. Attualmente la psicologia consiste di un enorme guazzabuglio di risultati isolati che si contraddicono l'un l'altro. Né potrebbe esistere una ricerca unica, perché manca una disciplina che ne controlli i risultati, capace di dimostrare il contrario. Ma siccome gli stessi psicologi hanno la spiacevole sensazione di non sapere, ognuno di essi fra i numerosi risultati scientifici opta per quelli che gli vanno piú a genio, li adotta come « sapere » proprio e ne prende le mosse per altre ricerche isolate.

Un'altra reazione a questa grottesca situazione è l'impostazione critica degli scienziati, che elevano il principio del dubbio a dignità di scienza — un'impostazione offre nuove possibilità di qualificazione personale.

Qui desidero far presente di nuovo che le mie critiche naturalmente non sono dirette ai seguaci delle diverse scuole di psicologia dell'inconscio, perché in queste scuole piú che della scientificità della psicologia ci si occupa dell'applicabilità terapeutica della stessa. Invece le ricerche di psicologia psicoanalitica vengono condotte principalmente in istituti privati, perché le università se ne stanno progressivamente disinteressando. Anche se le concezioni di queste scuole spesso divergono in forte misura, il concetto che ne è alla base è unitario.

Nelle università negli ultimi anni il concetto psicoterapeutico è stato soppiantato da un modello « nuovo » mirante a soddisfare maggiormente le condizioni di scientificità: la teoria dell'apprendimento. La teoria dell'apprendimento è nata da esperimenti sugli animali ed è basata su una concezione semplice, se non addirittura banale. Contro questa teoria non ci sarebbe niente da obiettare se non si fosse tentato di trasferire nell'uomo correlazioni funzionali riscontrate in esperimenti sugli animali e di derivarne una terapia delle alterazioni psichiche. Quest'ultimo passo, lo sviluppo della teoria del comportamento, fa della psicologia una disciplina criminale. L'idea alla base della terapia del comportamento è semplice: si parte dall'ipotesi che l'uomo fa proprio un determinato comportamento grazie a processi di apprendimento. Se un dato modo di comportarsi coincide con un'esperienza piacevole aumentano le possibilità che esso venga ripetuto, se coincide con un'esperienza spiacevole queste diminuiscono.

Questo meccanismo è noto a chiunque abbia osservato che cosa succede quando si addestra un animale: Se porgo un pezzo di carne a un cane ogni volta che mi dà la zampa, il cane imparerà a dare la zampa piú rapidamente che se ogni volta che compie quel gesto io lo percuoto. Di conseguenza se una persona presenta una condotta riprovevole o indesiderata, per esempio una nevrosi, questa condotta sarebbe il risultato di un processo di apprendimento che può regredire solo tramite una terapia. Praticamente si avvia un nuovo processo di apprendimento, nel corso del quale il comportamento non desiderato viene punito e quello desiderato viene premiato. Il principio di base descritto può venir modificato e combinato a piacere — attività che oggi impegna a fondo la maggior parte degli psicologi.

Nella terapia del comportamento non è difficile riconoscere il ritorno sulla scena di un tipo di educazione che era stato condannato negli ultimi decenni perché antiquato e disumano: Se un bambino non faceva quello che i genitori volevano, veniva castigato finché smetteva di comportarsi in quel dato modo; viceversa veniva premiato per quello che doveva fare. Ebbene questo metodo, contrabbandato con la complicità della pomposa terminologia specialistica, è il metodo di cura piú moderno delle alterazioni psichiche!

Dobbiamo al senso di pudore degli psicologi se oggi in materia di terapia del comportamento si parla piú di « intervento » che di terapia. Il fatto che questi terapisti, invece di venir denunciati, vengono sovvenzionati e appoggiati con fondi e istituti perché possano proseguire le loro ricerche dimostra che oggi si può commettere impunemente qualunque abuso purché si faccia precedere la propria attività dall'aggettivo « scientifica ». Quello che oggi si combina all'insegna della scientificità corrisponde alle iniquità commesse in nome della Chiesa al tempo delle crociate.

Tuttavia, nonostante la mia indignazione per l'atteggiamento in sé, non riesco a prendermela con i singoli simpatizzanti delle crociate scientifiche. Proviamo a metterci nei panni di uno studente che, superato l'esame di maturità, abbia deciso di studiare psicologia per imparare a conoscere i misteri della vita psichica. Abituato dal liceo ad apprendere fatti concreti e validi, all'università si trova di fronte a una marea di teorie, opinioni e risultati che ... sono tutti ugualmente validi. Gli strumenti che gli vengono proposti perché possa orientarsi in questo caos sono la statistica e i test. Tuttavia la discrepanza fra le sue aspettative e la realtà che gli viene offerta cresce di giorno in giorno. In questa situazione — è comprensibile — non può che rivolgersi all'unico concetto fermo: la teoria dell'apprendimento, che gli offre la possibilità dell'applicazione pratica. Felice di aver trovato qualcosa di concreto si difenderà con fanatismo da qualsiasi critica per l'inconscio timore di ricadere nel nulla del completo disorientamento. In questo modo viene coltivata una schiera di adepti che con perfetta buona fede sostengono cose che qualsiasi persona capace di intendere e di volere giudica assurde.

A questo proposito vorrei citare Gustav Richard Heyer, allievo di C.G. Jung, medico e psicoterapista:

« Mi viene rivolta molto spesso la domanda: "Come si impara la psicoterapia?". Potrei rispondere: In primo luogo, non vi occupate di psicologia! Interessatevi di piante o di animali, di cani per esempio. Sarà bene vi dedichiate anche ai gatti, agli uccelli, alle mucche, ai cavalli, anzi persino agli animali inferiori. Gli animali sono le nostre essenze interiori incarnate. In secondo luogo: leggete i poeti, leggete gli antichi tragici. E non dimenticate le insondabili sorgenti della musica! E in terzo luogo, occupatevi intensamente, con tutto il cuore e tutta la mente, dei miti dei popoli e della psicologia dei primitivi. Cosí coglierete i fenomeni dall'interno. Solo a questo punto subentra il lavoro intellettuale ». (Heyer, « Der Organismus der Seele »).

Questa sarebbe vera psicoterapia, e noi ne siamo molto lontani! Lo psicopaziente viene offerto in sacrificio alla divinità della scienza, alla « dea scienza », nella coppa della teoria dei test. Se la terapia del comportamento rappresentasse il primo tentativo di curare le malattie psichiche, la cosa sarebbe scusabile; ma poiché è stata sviluppata dopo i grandi metodi analitici, la sua esistenza è semplicemente incomprensibile. Per lacunose e imperfette che siano, le teorie analitiche hanno evidenziato molto chiaramente il carattere simbolico delle alterazioni dell'inconscio. Se si trascurano tali considerazioni, fatte anche e soprattutto da C.G. Jung, si identificano i sintomi con le malattie e si sopprimono queste ultime con metodi drastici, si procede in un modo che, più che essere frutto dell'ignoranza, rappresenta un insieme di stupidità e di malanimo. Altrettanta scarsa credibilità riscontriamo nella sorella maggiore della psicoterapia, la psichiatria. Qui si è avuta l'idea peregrina di « trattare » i malati con gli psicofarmaci, finché intossicati da questi veleni non riescono più a produrre sintomi nemmeno se lo desiderano con tutte le loro forze.

Il comportamento di un individuo è il mediatore fra le disposizioni dell'individuo e le esigenze del mondo. Attraverso il suo comportamento l'uomo ha la possibilità di realizzare il proprio destino, di affrontare il mondo esterno — più la situazione da affrontare è difficile, più il comportamento dovrà deviare dalla norma. Ora, se io modifico questo comportamento tolgo al soggetto la possibilità di realizzare il suo destino, lo costringo a vivere la sua fetta di realtà passivamente. Ecco che ci imbattiamo di nuovo nel fenomeno dello spostamento della sintomatologia. Infatti finché mi proporrò di modificare il comportamento del paziente non farò che modificare il sintomo, non potrò mai curare la malattia.

Quindi la situazione della psicoterapia è problematica quanto quella della medicina. Poiché ogni malattia è determinata dalla psiche, cambia soltanto il luogo d'insorgenza dei sintomi. Perciò suddividere le malattie in somatiche e psichiche non ha senso — ma ancora meno significato ha la diversità di modello terapeutico. In ogni singolo caso devo prima scoprire la causa della malattia, e dopo averla scoperta deciderò se sia lecito e sensato eliminare il sintomo.

La vita è paragonabile a un compito: All'uomo vengono dati un determinato materiale (le sue disposizioni), la meta da raggiungere e — terzo — un determinato modus comportamentale, con l'aiuto del quale esso deve usare il materiale per configurare la meta — compito che gli riesce piú facile se il materiale, la condotta e la meta stanno in reciproco equilibrio.

Piú grande è la discrepanza fra due di queste variabili, piú difficile e complicato dovrà essere il comportamento perché il compito possa essere realizzato.

Ora, ricorrono all'aiuto del terapista le persone che incontrano difficoltà. Ma se il terapista non è al corrente dell'intera problematica del paziente, il suo aiuto, invece di diminuire le difficoltà, le aumenterà. Modificando il comportamento il terapista chiude l'unica valvola attraverso la quale la tensione può scaricarsi. In virtú della conoscenza dei problemi del malato il terapista può sempre solo tentare di portare il paziente a una maggiore autoconoscenza e quindi a una maggiore « coscientizzazione ». Eventuali comportamenti particolarmente abnormi possono venir sostituiti da altri comportamenti dello stesso valore simbolico ma meno abnormi. In questo caso il terapista opera di proposito uno spostamento della sintomatologia o una sublimazione.

Poiché questo non è un trattato di psicoterapia, mi limiterò a un semplice cenno ai metodi possibili. Si deve partire sempre da un'analisi su base astrologica, che fornisce al terapista il quadro obiettivo della situazione nella quale il paziente si trova. La situazione dello psicopaziente va interpretata a livello individuale; il paziente non può venir forzato in uno schema. Non a caso Jung non si stanca di ripetere che il terapista deve affrontare ogni singolo paziente per quello che è come individuo, senza lasciarsi influenzare da ipotesi e idee preconcette. Non esistono due casi uguali. Chi elabora sistemi, usa violenza all'individualità.

In appoggio all'analisi si potranno adottare, come ausili tecnici, i metodi che meglio si attagliano al singolo caso: analisi dei sogni, idee libere, ipnosi e training autogeno, terapia mediante la musica, omeopatia, elettroagopuntura, cromoterapia, osmologia e simili. Naturalmente è importante che il terapista sappia che ha a che fare con la psiche. Lo psicologo dovrebbe per lo meno sapere che cos'è la psiche. Solo in tal caso può applicare i singoli metodi consapevole degli effetti e delle conseguenze che essi possono produrre.

Oggi purtroppo non si considera che lo psicoterapista è come un sacerdote. Deve conoscere le leggi del mondo e del cosmo, perché a lui si rivolgono non soltanto coloro che desiderano liberarsi di qualche sintomo nevrotico, ma anche, e nella stessa misura, coloro che, esenti da sintomatologia esterna, lottano per scoprire il senso della vita. La capacità di offrire aiuto in modo responsabile senza forzare il paziente nel proprio sistema e senza tentare di convincerlo ad abbracciare altre idee è l'unità di misura di una psicoterapia ben condotta.

Noi viviamo in un'epoca nella quale la labilità psichica aumenta a dismisura. La capacità di sopportazione diminuisce continuamente — il bisogno di aiuto si fa sempre piú pressante. Da quando la Chiesa ha perduto la sua forza d'attrazione e non infonde piú fiducia, deve far fronte agli interrogativi dei perplessi la psicoterapia. Ma può farlo solo se alle capacità del sacerdote unisce il sapere del vero psicologo. Dalle università purtroppo escono psicologi che, invece di essere in grado di dare aiuto, necessitano essi stessi di aiuto. In questa situazione sconcertante possono essere di qualche utilità soltanto gli istituti privati che, essendo autonomi, si sentono esenti dall'obbligo di distinguere i fatti e le terapie in « scientifici » e « non scientifici ». Il paziente deve avere il coraggio di distinguere la verità dalla scientificità.

Non vorrei chiudere l'argomento senza illustrare brevemente la « terapia primaria », un nuovo metodo che è stato sviluppato nel 1967 dall'analista americano Arthur Janov. Con il suo libro « Il grido primario » questo studioso ha suscitato l'interesse di tutto il mondo. Janov stesso definisce il grido primario una nuova via della psicoterapia. Nell'istituto da lui fondato, il « Primal Institut » di Los Angeles, dal 1970 ad oggi sono stati trattati con successo con questa terapia 600 psicopazienti. A noi tuttavia i successi interessano meno del problema dell'aderenza alla realtà dell'individuo di una determinata teoria o di un determinato metodo. Janov parte dal dato di fatto che l'uomo nasce senza nevrosi e senza sistema difensivo. Dal contrasto fra le necessità del bambino e le aspettative dei genitori nasce un inconscio « dolore primario » che determina la segregazione dell'io reale. Ne derivano comportamenti irreali (nevrotici). La terapia primaria mira a far regredire questo processo rimuovendo il dolore primario dalla sua segregazione e portandolo alla coscienza. Punto chiave di questa terapia è il grido primario, quel grido che il bambino non ha osato emettere per non perdere del tutto l'amore dei genitori. Questo il pensiero fondamentale di Janov.

Nella terapia primaria conforta il fatto che è basata su una concezione della psicologia dell'inconscio. Non mira a modificare il comportamento del paziente, ma cerca le cause prime della malattia. Anche il lato puramente tecnico della terapia primaria rivela idee nuove e originali. Per quanto riguarda la teoria, la valutazione è piú difficile perché in Germania abbiamo un'esperienza diretta molto limitata del grido primario; anch'io non posso che riferirmi alla monografia di Janov. Janov sostiene che la sua terapia primaria non ha rapporti con la psicoanalisi. Tuttavia la somiglianza fra i due sistemi è evidente; d'altronde, Janov scoprí il grido primario durante un trattamento analitico. Sia la psicoanalisi che la terapia primaria cercano le cause delle nevrosi nell'infanzia. Nel corso della terapia primaria il nevrotico si rende conto che responsabile del suo sviluppo irreale è stato l'atteggiamento irreale dei suoi genitori.

Ebbene questo è il punto contro il quale si appuntano i miei dubbi e le mie critiche. La guarigione ha luogo perché la colpa viene trasferita all'esterno. I genitori diventano figure sulle quali il nevrotico può proiettare la propria colpa o parte della propria personalità. Questo metodo funge da assoluzione perché il terapista dà a questa proiezione il valore di realtà. Che scaricarsi delle proprie colpe abbia un effetto liberatore e possa fare scomparire i sintomi di una malattia è noto. Ma questo comportamento non è irreale esattamente quanto la stessa nevrosi? In fondo tutto ha luogo nell'individuo stesso. Perciò la psicoterapia, invece di cercare colpevoli nell'ambiente del nevrotico, dovrebbe conciliare il paziente con se stesso, con tutte le componenti della sua personalità. Non riesco ad immaginare altro modo per diventare «uomini per intero», per acquistare una personalità pienamente consapevole e armonica. C.G. Jung non si stanca di ripetere che il primo e piú importante passo di ogni terapia è il riconoscimento dell'«ombra», cioè dei lati negativi della propria personalità. Nutro il sospetto che la terapia primaria segua la linea di minore resistenza, percorra la via piú facile, che però è irreale e propone la proiezione dell'ombra sui genitori. Quindi il grido primario sarebbe il sintomo della piena di contenuti non ancora controllati dalla coscienza, ma che possono venir proiettati sui genitori e quindi sottratti alla responsabilità del paziente.

13. Parapsicologia

> « L'emozione piú forte e piú profonda che possiamo provare è l'esperienza del mistico. Essa è la matrice di tutta la vera scienza. Chi non conosce questa commozione, chi non riesce piú a meravigliarsi, chi non prova questa perplessa e confusa reverenza è come se fosse morto ».
>
> Albert Einstein

La psicologia purtroppo non ha capito di avere il compito di occuparsi del secondo polo della realtà, trascurato dalle scienze naturali. Se la legge della dualità fosse ancorata alla nostra coscienza europea con la stessa forza con cui è radicata nel pensiero cinese, per gli psicologi sarebbe stato ovvio riconoscere nella psiche una realtà antitetica alla materia e adeguare i metodi della loro ricerca alle caratteristiche dell'oggetto. Sebbene C.G. Jung con l'opera di tutta la sua vita abbia dimostrato che questo modo di procedere è non solo possibile ma anche opportuno, nelle università si è data la preferenza al terreno conosciuto e sicuro della materia e si cerca di studiare la psiche analizzando i processi fisiologici del cervello.

Tuttavia con questo sistema finora si è riusciti a stringere molto poco; di conseguenza dai programmi di ricerca è stata scartata gran parte dei fenomeni tipicamente psichici. Alcuni ricercatori, cui questa selezione arbitraria dell'oggetto della ricerca non è sembrata onesta, per ovviare a questa disonestà si sono occupati di questi fenomeni respinti dalla psicologia ufficiale; definendosi modestamente parapsicologi hanno cercato di far valere una scienza « affiancante la psicologia ». Impresa che all'inizio è stata tutt'altro che facile!

Se si confrontano la psicologia e la parapsicologia si scopre — fatto singolare — che le due scienze si sono scambiate i nomi: In realtà la parapsicologia si occupa dei problemi che sarebbero propri della psicologia, mentre la psicologia ufficiale studia la psiche soltanto marginalmente e quindi meriterebbe il prefisso « para ».

I parapsicologi definiscono l'oggetto della loro indagine « territorio scientifico di confine ». Ne deriva — è evidente — che la scienza ha dei « confini », circostanza che suona strana! Come può una scienza riprodurre grazie ai suoi risultati « la verità », se si pone dei « limiti »? La verità o abbraccia tutto o non è verità. Una verità limitata è una contraddizione in termini. Quindi era comprensibile che il lavoro del parapsicologo venisse considerato con diffidenza da coloro che si sentivano « dentro i confini ».

È stata questa ironica diffidenza ad imprimere allo sviluppo della parapsicologia un determinato indirizzo. Perennemente costretti a lottare per il riconoscimento, per essere riconosciuti scienziati anche loro, i parapsicologi hanno tentato di compensare la « non scientificità » dell'oggetto della loro ricerca con i metodi scientifici tradizionali come la statistica, gli strumenti di misurazione e simili. Hanno tentato di sottrarsi al rimprovero di carenza di critica e di credulonerìa con lo scetticismo d'uso nella scienza. Armati dello strumento del metodo e dei modelli teorici di una scienza materialistica, i parapsicologi si sono accinti ad indagare in una realtà non materialistica. Questo modo di procedere corrisponde al comportamento di chi esca di casa per misurare la temperatura fornito di un metro da falegname.

Intanto si hanno già alcuni risultati; è stato dimostrato per esempio, con scientifica precisione, che esiste la telepatia. La prova è la seguente:

Si è preso un mazzo di venticinque carte da gioco, che al posto delle solite immagini ha cinque figure geometriche: croce, cerchio, quadrato, triangolo e linea ondulata (cinque per ogni simbolo). Una persona mescolava il mazzo, detto ESP (perché serve per il gioco dell'ESP), e poi estraeva e deponeva sul tavolo una carta coperta. I soggetti dotati di facoltà medianiche venivano invitati ad « indovinare » il simbolo della carta estratta. Dalla valutazione statistica di questi esperimenti è risultato che la percentuale delle risposte esatte era molto superiore alla quota prevedibile col calcolo delle probabilità. Questo risultato autorizza a supporre un fattore sistematico, che è detto telepatia. In questo modo la telepatia è provata scientificamente.

Ora però consideriamo una cosa: a che serve questa constatazione scientifica? Chi informa questa dimostrazione? Chi si interessa di telepatia sapeva già che essa esiste; ne era convinto da anni, non aveva bisogno di una dimostrazione su base statistica. Mentre gli avversari continuano a negarne la possibilità, esattamente come prima. Quindi questa ricerca è servita soltanto a conferire a un fenomeno che esiste da sempre l'attributo di « scientificamente dimostrato ». Ma a che serve questo attributo? La telepatia non sa che farsene. Un albero è sempre un albero, sia che uno scienziato ne faccia oggetto della sua curiosità, sia che non lo prenda in esame. Sarebbe un albero anche qualora venisse definito « ascientifico ».

Con questo intendo dire che la realtà se ne infischia del giudizio dell'uomo. I naturalisti cercano sempre di stabilire che cosa è e che cosa non è realtà. Ciononostante la realtà, indipendentemente da giudizi e catalogazioni, è sempre la stessa. Il dilemma — vero o falso? — esiste sempre ed esclusivamente nell'uomo, non tocca mai la realtà. La realtà non nasce per decisione dei piú. Invece la maggior parte delle persone, poiché si preoccupa sempre di stabilire se la maggior parte degli studiosi è concorde o meno su un determinato punto, sembra crederlo. Che significa questo modo di pensare? Che rapporto c'è fra la quantità delle opinioni e la realtà? Se qualcuno sbaglia, il problema è suo e di nessun altro. Perciò non si capisce perché tutti anelino al riconoscimento scientifico e abbiano tanta paura della critica scientifica.

Se oggi la scienza giudica l'astrologia un assurdo, il problema riguarda gli scienziati, non certo gli astrologi. Pertanto non capisco perché i parapsicologi sprechino le loro forze e il loro tempo nello sforzo per dimostrare scientificamente l'esistenza di fenomeni che esistono anche senza questo riconoscimento. In poche parole: Che utile trae un parapsicologo dall'aver dimostrato scientificamente l'esistenza della chiaroveggenza, se non è chiaroveggente lui stesso? Döbereiner definisce le scienze naturali « sicurezza di scetticismo ». Lo scetticismo, pur essendo una buona cosa, quando diventa fine a se stesso è patologico. Scetticismo come punto di partenza e come fine di ogni attività: a questo principio si è subordinata purtroppo anche la parapsicologia. Peccato! — perché l'oggetto delle sue ricerche meriterebbe di essere capito, non soltanto di essere dimostrato. Il risveglio dell'interesse di vasti strati di pubblico per fenomeni finora ritenuti d'ordine occultistico è senza dubbio merito della parapsicologia. Oggi l'interesse generale per i problemi parapsicologici è particolarmente accentuato. Comunque il fenomeno, oltre ad un aspetto confortante, presenta anche un pericolo. La parapsicologia può offrire a chi è alla ricerca della verità una ricca casistica di fenomeni e ipotesi e nulla piú — non certo un'immagine del mondo. Purtroppo i risultati delle ricerche parapsicologiche rappresentano una lunga serie di acquisizioni isolate cui l'individuo non può attingere per dare un'impronta alla propria vita e alle proprie azioni.

La mia critica cosí aspra alla scienza potrebbe dare l'impressione che io vada cercando il pelo nell'uovo di ogni « minestra scientifica ». Se ho dato questa impressione, mi dispiace, perché le cose non stanno cosí. La mia critica mira soltanto a segnalare il significato pratico dei temi trattati in questo libro. Infatti ho l'impressione che la maggior parte delle persone creda che l'esoterica sia un hobby per gli individui dotati di scarso senso della realtà — che nella vita di ogni giorno non ha nessuna importanza. Invece sapere se dopo la morte esiste una vita o meno ha riflessi pratici immediati. Quando ho segnalato le macroscopiche discrepanze fra i risultati di due concezioni del mondo totalmente diverse intendevo chiarire questo punto.

La mia critica non pretende di modificare la scienza. Qualsiasi tentativo in tal senso sarebbe un assurdo. L'unica cosa da fare è aspettare che la scienza si autodemolisca, si annienti in virtú dei suoi propri metodi. Questo momento è vicino; si può aspettare con fiducia. I numerosi libri di futurologia che fondano le loro profezie sugli sviluppi delle scienze naturali e della tecnica saranno superati dalla realtà, diventeranno antiquati, già in questo decennio. In considerazione di ciò ritengo necessario fare per tempo una controfferta al « consumatore », l'uomo, che finora ha onorato la scienza della propria fiducia. La concezione scientifica del mondo è nota. Io ho cercato di tracciare i contorni di alcuni aspetti della concezione esoterica del mondo secondo me importanti e di delimitare questa concezione da quella precedente. Solo chi le conosce entrambe può optare per l'una o per l'altra. Non è detto che pensiero e ricerca scientifici siano necessariamente errati. Tuttavia la realtà esige che si tenga sempre conto di entrambi i poli di cui essa è costituita. Quindi l'alternativa al pensiero razionale non è rappresentata da fanatismo religioso e superstizione. È vero invece che una ricerca autenticamente scientifica deve riconoscere entrambi i poli della dualità: materia e psiche, e metterli in rapporto reciproco. Procedere in questo modo è possibile e dà risultati applicabili: lo dimostra la scienza antroposofica. Essa è il modello dell'armonizzazione fra metodo scientifico e acquisizioni dello spirito. Le scienze dello spirito, fondate da Rudolf Steiner e ulteriormente sviluppate da naturalisti e antroposofi, hanno dato vita, nelle varie discipline: matematica, astronomia, medicina, pedagogia, sociologia e agricoltura, ad un proprio poderoso sistema didattico i cui risultati sono applicabili sul piano pratico esattamente come quelli della scienza ufficiale. A differenza di quest'ultima, la scienza antroposofica coglie la realtà nella sua interezza, per cui non si verificano effetti secondari od errori di entità rilevanti.

La scienza antroposofica ha potuto evitare tutti gli errori commessi dalle altre scienze grazie alla vasta opera didattica di Rudolf Steiner, che con intuizione profetica ha creato una concezione del mondo che abbraccia tutti i campi e che è servita da punto di partenza e da direttiva alle ulteriori indagini. La ricerca antroposofica non si è orientata verso fenomeni singoli disperdendosi nei dettagli come la scienza ufficiale perché ha preso le mosse dai risultati, validi per la totalità dei fenomeni, fornitile da Steiner. Non aveva che da controllare le affermazioni di Steiner con metodi sperimentali e tradurle in pratica rendendole applicabili. Il fatto che è stato possibile confermare con i metodi scientifici tradizionali tutte le conclusioni alle quali Steiner era giunto per via puramente spirituale dimostra in modo lampante che il metodo delle scienze naturali non è l'unico che permette di studiare la realtà, e prova altresí che parallelamente ad esso esiste una conoscenza spirituale esatta per lo meno quanto quella scientifica.

Se non vuol soccombere ai propri errori la scienza razionale deve partire da una concezione *spirituale* del mondo e attenersi ad essa. Da quando esiste la scienza antroposofica l'argomento dell'inconciliabilità fra scienza razionale e scienza spirituale ha perso qualsiasi validità.

14. Il destino

> « *Anche se la dicono cinquanta milioni di persone, una sciocchezza è sempre una sciocchezza* ».
>
> Anatole France

Il concetto di « destino » ci ha accompagnati finora come un « motivo conduttore ». In questo capitolo, dove tratteremo l'applicabilità, ritengo utile esaminare di nuovo a fondo il problema del destino perché proprio nella pratica risulta difficile valutare determinate circostanze.

Nella seconda parte di questo libro ho tentato di spiegare come il destino sia sempre forma di un contenuto offerto dall'uomo. Il destino di una vita è effetto della vita precedente; eventi apparentemente casuali sono in realtà conseguenza del modo di agire, o comportamento, dell'individuo. Inoltre dobbiamo considerare anche che l'uomo persegue una finalità. Tuttavia se un individuo non conosce la propria finalità, un evento del destino spesso gli farà capire qual è la sua « funzione ». Quindi il destino è la « proprietà » piú individuale e piú privata dell'uomo. Perciò è necessario, anzi indispensabile, che il singolo abbia uno stretto rapporto interno col proprio destino, lo com-

prenda, viva in sintonia con esso e ne percepisca il senso.
   Purtroppo oggi l'uomo non ha questo rapporto col proprio destino, ne è quasi del tutto privo. Il concetto di casualità degli eventi e il modello funzionale della scienza lo hanno allontanato da questo rapporto. Oggi l'uomo sente il destino come qualcosa di estraneo, che gli viene dal di fuori e lo minaccia, non piú come una cosa sua. Per cui oggi la società è affannosamente intenta a manipolare il destino degli individui. Si creano sempre nuove possibilità, sempre nuovi metodi e istituzioni perché altri amministrino e « neutralizzino » il destino di ognuno di noi. Gli esempi di questo modo di procedere sono numerosi; ne sceglierò qualcuno per dimostrare le conseguenze per la convivenza umana del concetto esatto di destino. Alcuni esempi — è inevitabile — faranno un effetto scioccante, perché sono in contrasto col modo di pensare attuale. Però, come è noto, l'abitudine di pensare in un dato modo non prova affatto che esso sia giusto.
   Già nell'esprimere un giudizio sulla medicina e sulla psicologia ho sfiorato il problema della liceità dell'ingerenza da parte del medico: fino a che punto un terapista ha il diritto di intervenire negli eventi del destino? Essere ammalati è certamente un aspetto del destino. La malattia è correzione, esortazione o entrambe le cose. Inoltre, specie se comporta conseguenze permanenti, la malattia può anche rappresentare l'incentivo a cercare e trovare il proprio destino, ad esempio rendendo necessario un cambiamento di professione o di mestiere. La malattia non è mai casuale, non è mai un evento da combattere con la massima rapidità. Lo stesso discorso vale per gli incidenti. L'incidente non è mai casuale.
   Molti credono che nulla sia piú urgente che prevenire malattie e incidenti. E ciò che è vero per il singolo è vero anche per la collettività; anche le comunità hanno un loro destino: città e territori soccombono a terremoti, inondazioni ed epidemie. Anche qui regna un destino « equo ». Se molti non riescono a capire l'equità e il significato del destino, non è colpa del destino.

E questi eventi: assassinii, aerei che precipitano, intere popolazioni che muoiono di fame, sono considerati fatti che non dovrebbero accadere. Si cercano immediatamente soluzioni destinate ad impedirne la ripetizione. Eppure, nonostante questi immani sforzi, gli errori non sembrano diminuire. Che cosa se ne deduce? Che è ora di riallacciare i rapporti col destino, di adottare di nuovo la logica dell'uomo religioso.

L'uomo primitivo aveva il senso del divino; per lui il bene e il male provenivano da un'entità sacra. Esso proiettava il proprio inconscio all'esterno, lo personificava e gli dava il nome di un dio. Era un'impostazione giusta, perché il destino — bello o brutto che fosse — nonostante la proiezione veniva vissuto per se stesso. Giudicando il destino premio o castigo di Dio l'uomo si riconosce responsabile della propria sorte e vive in armonia con essa. Come posso oppormi al destino se so che è frutto delle mie proprie azioni? Soltanto l'individuo senza radici lotta contro il proprio destino. Chi esorta la comunità ad assumersi il compito di regolare il destino dei singoli manifesta un inconscio timore dei propri contenuti.

Qui ci troviamo di fronte al problema dell'ordinamento socialista della società. Il socialismo può nascere soltanto là dove individui sradicati non hanno piú il coraggio di riconoscersi responsabili delle conseguenze dei propri contenuti. Quando non si è piú disposti a vivere la propria sorte, si fa appello ad un'organizzazione perché regoli e livelli i destini. Il socialismo è paura di se stessi — con l'etichetta « giustizia ». Orbene, coloro che si appellano alla giustizia in realtà la temono piú di ogni altra cosa. Il destino è sempre equo perché obbedisce a leggi precise. Chi ama la giustizia deve farsi una ragione del fatto che esistono poveri e ricchi. Chi vive in modo giusto e in ossequio alle leggi non deve temere nulla; non gli serve uno stato che gli paga un premio se si ammala, che gli assicura il pane e lo tutela dai delinquenti. Sentono la necessità di tale protezione soltanto coloro che offrono contenuti tanto poveri da essere perennemente in fuga da se stessi.

Il socialismo è una conseguenza necessaria del pensiero scientifico naturalistico. Solo lo sradicamento dell'individuo da un cosmo ordinato costringe l'uomo ad affidare l'amministrazione del proprio destino allo stato. Il socialismo è paura delle proprie responsabilità. Ma le misure intese a regolare il destino in modo funzionale purtroppo non servono a niente. Ecco perché anche negli stati socialisti continuano ad esistere potenti e perseguitati, ricchi e poveri. Perciò continueranno ad esistere le malattie, gli incidenti, le catastrofi naturali e la fame. Piú si cerca di influenzare il destino tramite manipolazioni esterne, piú si rendono contorte le vie da percorrere per potersi realizzare. In tal modo il destino non diventa certo piú accettabile.

Perciò gli uomini dovrebbero cessare di lottare contro il destino e imparare ad amarlo quale prodotto delle proprie azioni. È facile « manipolare » il destino: basta vivere aspettando con fiducia il realizzarsi dei contenuti offerti da noi stessi. Allora riacquista significato anche l'antica massima: « Ama il tuo prossimo ». Se io so che prima o poi raccoglierò i frutti, buoni o cattivi, di ciò che ho seminato, considero il « prossimo » qualcuno che mi aiuta a realizzare il mio destino o a capire la mia situazione. Sia esso un amico, un imbroglione o un assassino — ciò che vivo è sempre il mio destino; l'« altro » può fungere soltanto da mediatore. Coloro che hanno l'abitudine di condannare senza troppo riflettere dovrebbero pensare che il giudizio da essi espresso condanna un aspetto della loro stessa personalità. Infatti nel mondo esterno si può vivere e provare solo ciò per cui si è maturi dentro.

Ne emerge la necessità di lasciar operare il destino senza cercare immediate possibilità di intervento. Tuttavia non approvo il fatalismo assoluto, l'abulica attesa di ciò che comunque si deve compiere. Non si dimentichi che ho definito il destino prodotto dell'operato dell'uomo stesso. Ne consegue che la configurazione del destino è uno dei compiti piú importanti di ognuno di noi.

LA VIA

Il problema esistenziale

> « Incontra il buio chi si preoccupa soltanto di conoscere il finito, ma incontra tenebre ancora piú fitte chi si preoccupa soltanto di conoscere l'infinito.
> Incontra il buio chi anela soltanto al passato, ma incontra tenebre ancora piú fitte chi anela soltanto all'eterno. Valica l'abisso della morte soltanto chi sa che passato ed eterno sono una cosa sola ».
>
> Isha-Upanishad

So che tutto quanto ho detto finora è difficilmente accettabile e incontrerà una forte resistenza. Delle teorie scientifiche, per diverse e contrastanti che siano, si discute con calma, invece quando si discute di astrologia e di esoterica gli animi si riscaldano oltre misura. Viene messo in moto — fenomeno interessante — un meccanismo di difesa che per arrivare dove vuole non si perita di servirsi degli argomenti piú aberranti.

Questo meccanismo di difesa ha la funzione di mantenere un equilibrio nevrotico. Quale pericolo ravvisa nell'argomentazione astrologica l'inconscio di molti? La risposta è semplice: il pericolo del richiamo alla responsabilità personale. In altri termini: Chi è abituato da sempre a considerare la propria vita il risultato di circostanze esterne, chi è convinto che non riesce a realizzare i propri scopi e i propri ideali per colpa degli eventi, inconsciamente si rifiuta di accettare un modello di realtà che gli attribuisce tutta la responsabilità della sua vita.

Molte persone sulle prime non si rendono conto delle conseguenze delle dottrine esoteriche, tuttavia il loro inconscio avverte che, se l'astrologia venisse riconosciuta, la concezione e la strutturazione della vita cambierebbero completamente. Questa, e soltanto questa, è la ragione per la quale è tanto difficile ottenere il riconoscimento ufficiale dell'astrologia e delle discipline analoghe.

Anche se sciocca, una teoria ha successo se non è impegnativa per l'individuo. L'astrologia invece impegna. Tutte le dottrine esoteriche impegnano. E oggi l'uomo ha paura proprio dell'impegno. Perciò la maggior parte degli astrologi moderni tenta di svotare l'astrologia del suo carattere obbligante e di equipararla alla scienza tramite l'applicabilità funzionale. Finché conforterà un paziente dicendogli: « Per il momento le cose le vanno male perché è sotto l'influsso di Saturno, pianeta nefasto. Aspetti un mese e Giove rimetterà tutto a posto! »; finché calcolerà i periodi favorevoli e sfavorevoli per giocare al lotto, l'astrologia sarà amata perché non disturba l'individuo, che ha trovato un « responsabile » del proprio destino, « Saturno » ...

Oggi l'astrologia viene esercitata prevalentemente su questo piano — atteggiamento irresponsabile quanto, per esempio, la terapia del comportamento. Anche gli astrologi sono spesso vittime della moda. Perciò bisognerebbe evitare di prendere come unità di misura per la valutazione del pensiero esoterico gli astrologi che acquistano notorietà per i loro successi mondani. In ogni comunità esistono le pecore nere. Forse nelle comunità esoteriche le pecore nere sono particolarmente numerose. Si sentono attratti da questa disciplina molti nevrotici e pseudoscienziati. Il nevrotico prova un'enorme curiosità per le dottrine esoteriche; tuttavia, se non guidato da un professionista serio, solo raramente riesce a prendere coscienza del contenuto dell'esoterica. Per cui — nessuna meraviglia! — si costituiscono i club piú avventurosi, miranti ad informare il pubblico su contenuti che essi stessi ignorano. Inoltre l'astrologia purtroppo si presta a dare l'illusione a quanti possiedono una scarsa cultura accademica di poter colmare le proprie lacune; gli pseudoastrologi, pseudovati, sono disposti a convincerli che l'incapacità di realizzarsi dipende dagli altri. Perciò bisogna evitare di valutare i contenuti delle dottrine esoteriche in base all'impressione che suscitano molti loro rappresentanti. I veri e grandi maestri di esoterica sono pochissimi e poco conosciuti. Come in India — dove i fachiri si incontrano ad ogni angolo di strada, mentre i grandi Yoghi sono rarissimi — nel migliore dei casi si riesce a scoprirli dopo anni di ricerche.

Nella terza parte di questo libro ho tentato di illustrare le conseguenze della concezione astrologica ed esoterica della vita. Quest'ultima parte vuol mettere in evidenza il carattere obbligante della dottrina astrologica per la vita del singolo. In questo libro non enuncio teorie sulle quali si può discutere, nelle quali si può o non si può credere. Si creda nelle mie asserzioni o si preferisca aderire all'opinione dei miei avversari, è la stessa cosa; in entrambi i casi si crede in qualcosa che sostengono altri. Arriva alla certezza soltanto chi ricerca la verità di persona. È la via piú faticosa e piú lunga. È molto piú faticoso che aderire all'opinione di altri. Però il risultato di queste fatiche è la *Conoscenza*.

Di questo modo — o via — per acquisire la conoscenza non può privarci nessuno. Come nessuno può mangiare o dormire al nostro posto, cosí nessuno può privarci della via del sapere e della conoscenza. L'esoterica è un mezzo, una via, non una « disciplina del sapere ». Per questo in duemila anni i contenuti dell'esoterica non sono cambiati. Possono cambiare tutt'al piú i metodi puramente tecnici, i sussidi per l'applicazione pratica di questo sapere. È possibile migliorare i metodi di calcolo astrologico, nei laboratori di alchimia si possono impiegare apparecchiature moderne — ma la via che deve percorrere l'individuo è sempre la stessa, quella di cinquemila anni fa. Ho l'impressione talvolta che le persone si aspettino di entrare in possesso dei « risultati » dell'esoterica per poi valutarli. Ebbene, esse non entreranno mai in possesso di questi risultati. Essi non si offrono al singolo dall'esterno, ma debbono essere raggiunti da ognuno di noi personalmente. Se un alchimista grazie al lavoro di tutta la sua vita riesce alla fine a trasformare il piombo in oro, lo può fare solo perché lui, lui e nessun altro, ha acquistato il dominio sulla materia. Non ha affatto scoperto un nuovo metodo che permetta anche ad altri di fare la stessa cosa.

Chiunque si fermi a riflettere su se stesso e sulla vita si imbatterà negli stessi problemi fondamentali. Se è disposto a dichiarare onestamente e senza pregiudizi quanto sa di se stesso e del mondo, arriverà al seguente risultato:

So che esisto. So che nel pensiero e nell'azione sono un essere limitato. Ne deduco che non riuscirò mai a cogliere tutto. Oltre a me esistono altre cose e altri esseri. Queste cose e questi esseri che mi circondano e con cui ho a che fare nella vita di ogni giorno sono fatti di materia. Ne risultano i seguenti interrogativi: Chi sono, io, perché sono e perché sono come sono? Da dove vengo e dove vado? Quale rapporto di parentela esiste fra me e le cose e gli esseri che mi circondano? Qual è il significato della mia vita e che cosa avverrà dopo la mia morte?

Chi non si pone questi interrogativi vive ai margini della propria vita. Perciò anche le teorie, le filosofie e tutti gli altri sistemi andrebbero valutati sulla base di questi problemi. Sono in grado di rispondere in modo soddisfacente a questi interrogativi? Ammetto che rispondere a questi interrogativi non è facile; tuttavia è possibile. Sostengono il contrario le persone che sono troppo pigre per cercare le risposte.

Poiché questi interrogativi sulla vita, sebbene antichi quanto l'umanità, sono attuali e lo saranno finché esisterà l'uomo, vale la pena esaminare per prima cosa le vie che sono state percorse prima di noi per trovare le risposte. Noi abbiamo tendenza a considerare i nostri progenitori, gli uomini che ci hanno preceduto, dei confusionari creduloni e un po' sciocchi. Tuttavia in un giudizio piú accorto e piú onesto dei prodotti delle grandi civiltà del passato scopriamo, e non solo in campo « tecnico », cose che ci pongono di fronte ad enigmi insolubili (trasporto dei massi per gli obelischi e le piramidi, per esempio), nonché un gran numero di sistemi che evidentemente fornivano una risposta alle nostre domande. Sono l'astrologia, la chirologia (lettura delle linee della mano), la cabala e i Tarocchi, la cartomanzia, l'I King, le rune, la numerologia, l'alchimia e lo yoga.

Esistono due sole possibilità: o questi antichi sistemi sono sbagliati, e non forniscono le risposte a queste domande, o sono utilizzabili e rispondono allo scopo. Può optare per l'una o l'altra tesi solo chi conosce veramente i vari sistemi e li ha messi alla prova. Fatto degno di nota, coloro che conoscono questi sistemi sostengono concordemente che essi funzionano e danno le risposte che cerchiamo, e fanno presente che vengono avversati e criticati esclusivamente da persone che non si sono mai preoccupate di farne la conoscenza. Altro punto degno di nota: tutti questi sistemi, che pure derivano dalle matrici culturali piú disparate e utilizzano come base di partenza i fenomeni piú diversi, portano agli stessi risultati finali. In altri termini: Questi sistemi, che di primo acchito sembrano diversi, danno tutti le stesse risposte alle stesse domande.

Perciò discutere quanto affermo in questo libro non ha senso. Chi sente importanti per la propria vita i problemi qui delineati, bene o male deve mettersi all'opera per controllare personalmente le mie affermazioni. Saprà per aver capito direttamente. Chi invece non li sente importanti, è bene non si dia questa pena e continui a vivere come ha fatto finora; però non ha il diritto di esprimere giudizi in materia!

Questo libro non intende convertire il lettore o propagare una nuova fede; vuole soltanto proporre un'alternativa al pensiero scientifico e indicare la via della conoscenza a tutti coloro che ne sono alla ricerca. Sottolineo *indicare*, perché ognuno di noi deve percorrere questa via da solo. Il traguardo a cui porta è l'uomo compiuto, il saggio. Anche se la meta è molto lontana, ciò che importa è la decisione di percorrere questa via. Non è una via di rinuncia, non è una via che esige il ritiro dalla vita. Al contrario — questa via immette nella pienezza della vita.

Chi crede che la mèta della perfezione possa essere raggiunta solo attraverso l'eremitaggio — sacco in spalla e vita nei boschi — è in errore. Presupposto di una vita felice, armonica e coronata dal successo è la conoscenza di se stessi e delle leggi che regolano il mondo. La conoscenza delle leggi dona libertà e conferisce potere sulle stesse. Solo se conosce le leggi dell'idraulica il mugnaio può applicare la ruota del mulino in modo che venga azionata dall'acqua. Solo se ho capito la legge del contenuto e della forma non sono più strumento di un destino cieco, ma posso configurare la mia vita con consapevolezza.

La via è sempre la stessa: l'uomo deve prendere coscienza dei propri contenuti e delle proprie forze inconsce e in tal modo trovare se stesso. C.G. Jung definisce questo processo via dell'individuazione. Nel suo libro « Psychologie und Alchimie » C.G. Jung, sulla base di oltre 100 sogni di un solo paziente, dimostra che i simboli cui l'inconscio dà vita nel processo di individuazione corrispondono esattamente ai simboli dell'alchimia. Eppure il paziente di Jung non ne sapeva niente in materia. Qui constatiamo la validità generale, l'universalità dei simboli che, indipendentemente dal livello di cultura e di coscientizzazione, sono sempre gli stessi in ogni tempo. Per questo l'alchimia sarà valida finché esisterà l'uomo e non potrà mai perdere di attualità.

L'individuazione non è stata inventata da C.G. Jung. Semplicemente Jung, nel trattare i suoi pazienti, aveva constatato che in un dato momento della terapia si manifesta una dinamica dell'inconscio *sui generis*, diretta allo scopo, che — con uno sforzo proprio — porta il soggetto ad una maggiore consapevolezza. Questo processo è stato da lui definito individuazione. Lo menziono soltanto perché non si abbia l'impressione che determinati terapisti vogliono indurre i pazienti a chissà quali « conquiste » tentando di convertirli alle proprie idee. La spinta alla coscientizzazione è potenzialmente presente in ognuno di noi e perciò è un fatto naturale.

Però può essere in certo modo pericoloso aspettare che l'inconscio inizi questo sviluppo prepotentemente da sé, perché in questi casi la coscienza spesso non è preparata a far fronte al violento assalto da parte dei contenuti inconsci e ad integrarsi con essi. Quindi per questa impresa si offrono gli antichi sistemi menzionati, che scortano l'uomo sulla via della conoscenza. Sottolineo ancora una volta che tutti questi sistemi non sono che ausili per giungere alla conoscenza, e perciò non debbono diventare fine a se stessi. Questo pericolo esiste, in quanto spesso ci si innamora degli ausili al punto da perdere di vista la *via* stessa.

A quale dei diversi sistemi si ricorra come ausilio non ha molta importanza — se bene impiegati sono tutti ugualmente buoni. Però alcuni sono più adatti, altri meno, per i singoli « tratti di strada ». Per completezza li commenteremo brevemente e li confronteremo:

In questo libro si è parlato molto di astrologia perché io ritengo l'astrologia uno dei sistemi migliori per conoscere e capire se stessi e gli altri. Dal punto di vista puramente tecnico essa è particolarmente esatta perché la posizione dei corpi celesti può venir determinata in modo matematicamente esatto per il passato e per il futuro. Vorrei sottolineare ancora una volta che fra la posizione dei corpi celesti e quanto avviene sulla Terra non esiste un rapporto di causa ad effetto. Il fenomeno è un altro: l'oroscopo riproduce una realtà subordinata dalla quale si possono trarre deduzioni su qualsiasi altro sistema. Per questo, oltre che per gli esseri umani, si può elaborare un oroscopo anche per contratti, automobili, ditte eccetera.

È possibile perché ogni momento cronologico possiede una determinata qualità. Tutto ciò che avviene in un determinato momento deve corrispondere alla qualità di quel momento — o, con formulazione capovolta, in un determinato momento possono manifestarsi soltanto i fatti che corrispondono alla sua qualità cronologica. Se conosco i fatti che avvengono in un determinato momento su un piano, da essi posso dedurre i fatti che si verificano nello stesso momento su tutti gli altri piani. I fatti che si verificano sui diversi piani non stanno fra loro in rapporto causale, ma decorrono in sincronicità. Un esempio concreto:

Se una persona formula una domanda per lei importante, nel momento in cui essa la formula è possibile elaborare un oroscopo che contiene sia la domanda che la risposta. L'interrogante può formulare la sua domanda soltanto in un momento la cui qualità è adatta alla domanda. In quel momento sul piano del cielo anche le posizioni dei corpi celesti debbono rappresentare questa specifica qualità cronologica. Questa sincronicità permette di trarre deduzioni esatte da un piano all'altro. Unico presupposto: saper trasferire il valore simbolico di un piano nella realtà dell'altro. Chiamare in causa — nel fornire le risposte — come piano simbolico di confronto la posizione dei corpi celesti è assolutamente arbitrario; quale piano simbolico di confronto questo piano può essere sostituito da qualsiasi altro piano astratto.

Cosí, invece di elaborare un oroscopo, nel momento della domanda si possono lasciar cadere dei bastoncini di legno. La posizione che assumono i bastoncini caduti rappresenta la qualità di quel momento. Se conosco la chiave per interpretare la posizione simbolica dei bastoncini arriverò alle stesse conclusioni cui sarei arrivato grazie all'oroscopo. Il metodo dei bastoncini di legno è l'antico sistema cinese dell'I King. Nello stesso identico modo va inteso il sistema, tanto spesso denigrato, della cartomanzia. Qui dalla posizione specifica delle singole carte si traggono deduzioni su un altro piano della realtà. Come principio il procedimento è sempre lo stesso; la differenza consiste unicamente nel piano astratto che coi suoi simboli mi rivela la rispettiva qualità cronologica.

Questa qualità cronologica, legata al momento, che in quanto espressione dell'ordine cosmico condiziona la sincronicità di tutti gli eventi del mondo, è dimostrabile e controllabile da chiunque. Chi la nega chiude deliberatamente gli occhi davanti alla realtà.

Tutto ciò che si verifica in un determinato momento riceve per sempre l'impronta della qualità di quel momento; tutto ciò che esiste porta il marchio, l'impronta del momento nel quale è entrato nella realtà del mondo. Un oroscopo riferito al momento della nascita è una riproduzione di questa impronta. Del resto la ritroviamo nell'organismo stesso. Su questa verità è basata, ad esempio, la diagnosi attraverso l'esame dell'iride, che dai caratteri cromatici della stessa trae deduzioni su eventuali malattie e relative predisposizioni. L'iride in fondo non è che un piccolo oroscopo che l'uomo porta con sé. Lo stesso dicasi per la mano. La disposizione delle linee della mano, diversa da individuo a individuo, rappresenta, come l'oroscopo, l'impronta della nascita, e pertanto i chirologi la utilizzano come punto di partenza per le loro dichiarazioni.

Ripetiamo: In ultima analisi il sistema che lo specialista adotta per pronunciarsi sul soggetto in esame non è importante. È importante soltanto che egli sappia interpretare in modo esatto *il rispettivo simbolo*. In tutti questi sistemi è essenziale il fatto non che essi permettono di indagare nel futuro (« Oracolo »!!), ma che funzionano a dovere. Una prognosi per il futuro non è fine a se stessa; è importante unicamente il fatto che essa è possibile. Esempio: Il fatto che io predíco a una persona che a 26 anni sarà vittima di un incidente, in sé è poco importante. Sono di vasta portata invece le conseguenze teoriche scaturenti dalla constatazione che è possibile prevedere l'incidente con molti anni di anticipo, poiché questa constatazione dimostra: primo, che l'incidente non avviene per caso; secondo, che la vittima, anche se innocente dal punto di vista giuridico, è l'unica ed esclusiva responsabile di questo incidente — altrimenti la prognosi non sarebbe possibile.

Le conseguenze per il nostro pensiero le ho illustrate dettagliatamente nella seconda parte di questo libro, però qui le menziono di nuovo perché purtroppo anche negli ambienti specialistici si ha tendenza, fin troppo spesso, a considerare gli ausili tecnici fine a se stessi. Sicché si incontrano continuamente persone capaci di applicare una tecnica in modo perfetto, ma che non capiscono cosa stanno facendo.

Se i sistemi fin qui menzionati ci permettono di rispondere alla domanda « Chi sono? », la Cabala è un sistema che ci indica qual è il legame che intercorre fra noi e il mondo esterno. La Cabala, letteralmente « tradizione orale », trae origine dalla cultura ebraica; le sue basi sono la Bibbia e il Talmud. La scienza segreta della Cabala in origine non veniva fissata per iscritto, ma trasmessa da maestro ad allievo soltanto oralmente. La Cabala collega tutte le cose con i modelli piú alti, i sommi prototipi, i dieci Sephiroth, che dal mondo spirituale ancora non creato scendono fino al mondo nel quale viviamo. Dalla dottrina cabalista sono nati i Tarocchi, un giuoco di carte misterico che con i suoi 56 simboli può rivelare agli iniziati tutti i segreti del mondo.

Come l'astrologia è il presupposto per capire la Cabala, cosí questa è a sua volta il presupposto per capire l'alchimia (in greco: *spagyria*). La parola alchimia significa evoluzione, nobilitazione. Per la maggior parte delle persone l'alchimia è o il tentativo di trasformare il piombo in oro o una precorritrice della chimica moderna. Entrambe le opinioni sono completamente sbagliate. L'alchimia è un mezzo, una via esoterica di autoevoluzione che viene percorsa su entrambi i piani della nostra esistenza: quello spirituale e quello materiale. L'alchimia è esclusivamente il simultaneo perfezionamento sul piano materiale e su quello spirituale. Anche la diffusa opinione secondo cui esisterebbe soltanto un'alchimia spirituale è sbagliata. L'alchimista nel suo laboratorio compie una nobilitazione nell'ambito dei regni vegetale e minerale per poter poi applicare alla propria persona i risultati e le conoscenze acquisite.

Ne deriva l'affascinante « reciproco giuoco » per il quale l'alchimista nei suoi esperimenti di laboratorio progredisce solo fin dove glielo consente la sua conoscenza spirituale, ma nello stesso tempo allarga continuamente la sua conoscenza grazie ai risultati degli esperimenti.

La teoria dell'alchimia è semplice nei suoi tratti essenziali: Tutto ciò che la natura produce è costituito dai tre componenti anima, corpo e spirito o, come dice l'alchimista, zolfo, sale e mercurio. Il compito degli alchimisti consiste nello scomporre il prodotto che volta a volta trattano, appartenente al regno vegetale o al regno minerale, in questi tre componenti (*separazione*), nel purificare ognuno di questi componenti (*purificazione*) e nel ricomporli (*coobazione*). Per l'uomo, rappresentante del terzo regno della natura, vale la stessa cosa. Per raggiungere la perfezione l'alchimista deve separare in se stesso anima, spirito e corpo, purificarli e poi ricomporli — risultato: l'essere umano illuminato. Nel compiere questo lavoro troverà infine in se stesso la pietra filosofale, corrispondentemente a quanto dice Goethe: « A che serve la pietra del filosofo se alla pietra manca il filosofo! ». In questa lunga via prodotto collaterale è l'arte di preparare medicamenti spagirici. Quindi l'alchimia è il mezzo, la via che conduce al terzo grande traguardo: il dominio della materia da parte dello spirito.

L'alchimia esiste anche oggi, e gli alchimisti sono tanti quanti erano nel medioevo; l'alchimia non è un episodio storico, ma è ed è sempre stata una via che l'individuo può percorrere quando si sente maturo per farlo. Nell'estate del 1973 ha avuto luogo a Stoccarda il Secondo Congresso internazionale di alchimia, fatto che destò stupore non solo fra i giornalisti ...

15. Religione

> « *In religione si crede, in metafisica si sa, nella filosofia ermetica si capisce la ragione per la quale l'essenziale per la vera pace è la sapienza* ».
>
> Frater Albertus

Finora ho evitato con cura un tema, quello della religione. Purtroppo già la parola religione è gravata da tanti e cosí disparati pregiudizi che la probabilità di essere fraintesi su questo terreno è enorme. Però, poiché definendo le discipline esoteriche « una via che conduce alla perfezione dell'uomo » io tocco il punto nevralgico di tutte le religioni, ne devo parlare.

Se si percorre la via descritta, lo si voglia o no, ci si imbatte nei problemi religiosi. Tuttavia quanto avviene dopo è sorprendente: si comprende ad un tratto il valore intrinseco delle dottrine religiose e se ne comprendono i simboli. È una esperienza difficile da descrivere, paragonabile forse al fenomeno che si verifica in seguito all'osservazione prolungata di quelle doppie immagini dalle quali improvvisamente la figura si stacca dal fondo e balza innanzi; figura e fondo si scambiano i ruoli. L'immagine che si vede è sempre la stessa, però ad un tratto rappresenta una cosa completamente diversa; ad un tratto si capisce che i dogmi della religione sono simboli di una realtà assoluta. La verità ultima non è formulabile con parole perché è di natura inconscia e quindi irrazionale; la si può cogliere solamente attraverso l'immagine, attraverso il simbolo. Ma questo passaggio attraverso il simbolo non è sfumato, impreciso, vago, bensí preciso, molto piú esatto del linguaggio.

In generale si cerca di capire quanto sostengono le religioni sul piano della realtà — tentativo che porta o a una fede incondizionata o al rifiuto critico. Invece per mezzo della esoterica si imparano a conoscere le leggi della realtà attraverso l'applicazione, e questa sapienza permette di capire anche il linguaggio simbolico delle religioni. Solo a questo punto la religione diventa responsabile, perché la fede viene soppiantata dalla comprensione. Attraverso questa comprensione ad un tratto tutte le religioni diventano ugualmente veridiche perché riproducono tutte la stessa realtà, ma con simboli diversi.

Il fatto che le Chiese si rimproverino a vicenda la non veridicità è la dimostrazione lampante dell'ignoranza dei rappresentanti delle Chiese: essi non sanno piú da tempo che cosa insegnano, non capiscono piú da tempo i contenuti delle loro dottrine. I teologi hanno perso da tempo il contatto con la realtà — altrimenti non potrebbero verificarsi fenomeni come l'ultimo concilio o l'indirizzo moderno del cristianesimo ateo. Già il fatto della riforma dimostra chiaramente che la Chiesa non ha piú rapporti con la propria matrice. Sono certo che esistono ancora teologi isolati che, oltre a credere, sanno; però il numero di questi iniziati dovrebbe essere molto ridotto.

In origine ogni religione era un sistema esoterico, e in fondo lo è ancora oggi. Poi, come per l'astrologia, è avvenuto che la massa si è impadronita della forma esteriore del rispettivo sistema e le ha fornito come contenuto il proprio spirito o meglio non-spirito. Allo stesso modo l'astrologia è degenerata negli oroscopi dei quotidiani e delle fiere. Non è giusto attribuire ad un sistema i difetti di quella che ne è la degenerazione.

Indubbiamente ogni religione in linea di principio si presta a fungere da ausilio in questo senso, ha le caratteristiche per venir utilizzata come sussidio per percorrere la via della conoscenza. Tuttavia, secondo me, per la maggior parte delle persone dovrebbe essere piú facile cominciare con gli altri sistemi e poi tentare di capire la religione. Infine, imboccata la «via», ad un tratto ha luogo automaticamente la sintesi, che poi improvvisamente rivela la chiave dell'esoterica: le formule religiose, precedentemente oscure. Sicché anche per la religione è valida la legge: non credere, ma conoscere direttamente!

Dio, in quanto simbolo dell'infinito, non può essere riconosciuto o capito da un essere finito qual è l'uomo. Però Dio ha creato il mondo: l'Infinito ha generato il Finito. Poiché ha creato un mondo polare, noi possiamo conoscere questo mondo grazie alla polarità dei fenomeni. Il nostro mondo e tutti gli altri mondi sono fatti di spirito, che si manifesta in diversi stati d'aggregazione. La materia è spirito condensato. Spirito e materia non sono due entità diverse, sono soltanto due diversi stati d'aggregazione della stessa entità. L'unità si manifesta sempre polarmente. Perciò l'uomo in ultima analisi è un'essenza spirituale. Perciò è possibile il dominio dello spirito sulla materia. Tuttavia lo spirito è infinito, è indistruttibile. Lo spirito è vita. Meta e destinazione dell'uomo è la sua evoluzione. Ogni uomo ha il dovere di evolversi spiritualmente. Imbocca la via quando è maturo per farlo — è soltanto questione di tempo. Per migliorare il mondo occorre migliorare se stessi. I ciechi non possono guidare i ciechi. Ma il sapiente a sua volta può aiutare soltanto chi vuol essere aiutato. La via dobbiamo percorrerla ognuno per conto nostro.

Conclusione

> « *Con coloro che avvertono il proprio io come un peso non bisognerebbe mai parlare di immortalità* ».
>
> *Eugen Gürster*

Questo libro non è stato scritto per convertire l'umanità. Sul tema in esso svolto io ho discusso infinite volte nella mia vita con le persone piú diverse; perciò conosco le varie reazioni e gli argomenti che vengono addotti. Gli uomini possono essere divisi in due grandi gruppi: il gruppo degli ascoltatori « aperti », che capiscono a volo a che cosa si mira e di che cosa si tratta, coloro che piú o meno inconsciamente sono in qualche modo già alla ricerca e accettano l'offerta di controllare personalmente quanto sostengono gli astrologi; e il gruppo delle persone che già al minimo contatto con questo tema hanno una reazione di difesa molto marcata. Questi sostengono con calore di essere disposti a condividere le idee « ragionevoli »; invece ogni argomento « ragionevole » e ogni dimostrazione non fanno che accrescere la loro inconscia paura in misura tale che continuare una discussione in materia non ha assolutamente senso. Questo secondo gruppo non si lascerà persuadere mai e con nessun argomento; per cui la cosa migliore è non tentare nemmeno un'impresa del genere. In fondo i meccanismi di difesa inconsci hanno un loro significato e privare violentemente queste persone della loro menzogna esistenziale non è opportuno. Bisogna aspettare che una persona sia matura per poter affrontare con essa questo tema, e tenersi per sé le proprie convinzioni.

Questo libro è stato scritto per coloro che sono in cerca della verità. Purtroppo non rivela nulla di nuovo, ma si limita a fungere da « indicatore della via ». La via la deve percorrere ciascuno personalmente. In un'epoca come la presente, nella quale celebrano i loro trionfi il livellamento del sapere e la stupidità, l'offerta di un'alternativa mi sembra opportuna. Dopo averlo letto, nessuno potrà piú cavarsela adducendo come pretesto la propria ignoranza in materia. Ognuno di noi deve decidersi. Della decisione, giusta o sbagliata che sia, ciascuno è responsabile personalmente.

Milan Ryzl

IPNOSI ED ESP

Questo libro espone i risultati di oltre vent'anni di esperimenti e ricerche compiuti dall'autore per assumere il controllo della percezione extrasensoriale (ESP) e per svilupparla come un senso nuovo, fino al livello in cui possa essere esaminata sperimentalmente ed impiegata praticamente.
Finora gli scienziati sono stati per lo più scettici circa l'ESP. Anche per i parapsicologi che investigano questa strana facoltà, essa è sempre stata una funzione troppo sfuggente e scarsamente pratica. Nonostante ciò, l'autore ha compiuto esperimenti in cui l'ESP può essere ottenuta in forma ripetibile e a richiesta, esperimenti nei quali si possono studiare le sue caratteristiche con gli stessi sistemi scientifici con cui le leggi della natura sono state studiate in altre scienze sperimentali.
Si tratta pertanto di un libro importante e di avanguardia, non solo per la divulgazione al grande pubblico di un argomento così affascinante, ma anche per gli stessi studiosi: psicologi, parapsicologi e ricercatori, i quali troveranno in quest'opera esposti per la prima volta esperimenti e teorie che potrebbero indurre una svolta decisiva nello studio dell'ESP.
Il contenuto di questo libro, quindi, è particolarmente interessante in vista del suo scopo: dimostrare che l'ESP può essere studiata sperimentalmente in laboratorio, proprio come ogni altro fenomeno naturale, e che può essere normalmente applicata in pratica. Molto, naturalmente, rimane ancora da fare. L'autore indica alcuni complessi problemi psicologici e sociologici che dovranno essere superati perché l'ESP possa veramente essere posta sotto controllo volontario su grande scala. Ma la ricerca nelle altre scienze è forse meno difficile?

Il Dr. Milan Ryzl, autore di fama internazionale, da molti anni si dedica alla Parapsicologia e allo studio dei fenomeni paranormali. Riparato in America dalla Cecoslovacchia, si è stabilito, nel 1968, in California, dove ha approfondito i suoi studi, integrando le conoscenze e i metodi d'indagine della scuola d'oltre cortina con quelli della scuola americana. I suoi esperimenti sono volti soprattutto alla ricerca di una parapsicologia scientifica, e nelle sue opere, di carattere anche divulgativo, pone alla portata del grande pubblico problemi di enorme importanza per tutta l'umanità. Il suo primo libro, dal titolo « *Parapsicologia* », pubblicato in Italia dalle Edizioni Mediterranee, ha avuto un ottimo successo e notevoli riconoscimenti.

Edizioni Mediterranee - Roma - Via Flaminia, 158

Dr. Milan Ryzl
PARAPSICOLOGIA

In questo libro sono riportati fatti ed eventi per i quali apparentemente non esiste una spiegazione scientifica: chiaroveggenti possono descrivere avvenimenti che si svolgono a grande distanza, altri possono « leggere » il pensiero di altre persone o sono in grado di prevedere avvenimenti futuri; oggetti si muovono senza spiegazione, altri rimangono sospesi nel vuoto.

Per migliaia di anni, a proposito di fatti paranormali, si parlò di « miracoli », poi, semplicemente, di frode.

Ciarlatani a parte, tuttavia, ci sono e ci sono sempre stati degli uomini in possesso di forze sconosciute, che riescono ad usare a loro volontà (un fenomeno che l'autore esamina molto minutamente), ottenendo effetti sorprendenti. Questo libro prova l'esistenza di persone dotate di energie psichiche capaci di dirigere o prevedere gli avvenimenti. Quest'opera consente a ciascuno di conoscere i piú recenti progressi scientifici nelle indagini sulle cause di molti avvenimenti straordinari. L'autore riporta avvenimenti che a prima vista sembrerebbero incredibili e ci introduce in un mondo fino ad oggi misterioso, spiegandoci molti aspetti oscuri della nostra esistenza.

Andrea Saetti
LE FORZE SOTTILI E LA LORO AZIONE

Oltre a gettare le basi psichiche e fisiologiche della medicina psicosomatica, con lo scopo di farne un metodo di cura su fondamenti razionali e scientifici, quest'opera vuole dimostrarne la validità mediante alcuni esperimenti fatti con individui dotati di ipersensibilità.

Le forze sottili dello psichismo sono di natura animica, atte a produrre delle reazioni fisiologiche; e ciò in modo piú accentuato man mano che si scende nella scala dell'evoluzione animale, dove tali forze non vengono ostacolate nella loro funzione neurovegetativa da complessi psicologici o da funzioni cerebrali, come invece avviene nell'uomo. Il corso clinico curativo della malattia in medicina psicosomatica si base su tali forze. Comunemente, queste forze sono conosciute come forza vitale, e per sorprenderne l'energia bioradiante si è dovuto ricorrere ai sensitivi.

Al tatto e alla vista del sensitivo la forza vitale si manifesta negli organismi altamente organizzati, quali l'uomo, l'animale o anche la pianta, in modo bioradiante, con tutte le caratteristiche magnetiche del positivo e del negativo, dell'attrazione e della repulsione e del complemento cromatico.

L'influenza psichica può, tramite differenti emozioni, stimolare o paralizzare la funzione organica; ed è su ciò che si basa la possibilità di ridurre a sistema curativo il potere dell'attitudine di ridurre a sistema curativo il potere dell'attitudine mentale sui processi neurovegetativi dell'organismo

Edizioni Mediterranee - Roma - Via Flaminia, 158

ESP - Parapsicologia e Scienze Umane

Vincenzo Nestler

LA TELEPATIA

Questo libro è il primo che studia in maniera precisa, chiara, organica e completa l'interessante fenomeno, e cerca, sulla base delle piú moderne teorie, di darne una spiegazione, facendo ricorso alle diverse ipotesi degli studiosi.

Il volume si compone, praticamente, di due parti. La prima, dedicata alla fenomenologia, comprende 14 capitoli, ognuno dei quali tratta un argomento ben delineato ed è ampiamente corredato da note e riferimenti; la seconda parte, dal titolo « ipotesi sulla natura della telepatia », rappresenta una vera e propria novità sull'argomento, poiché è una trattazione organica e completa delle « basi teoriche » su cui poggiano i fatti telepatici.

Infine, per coloro i quali volessero cimentarsi nella sperimentazione telepatica, segue un capitolo contenente le istruzioni necessarie e gli opportuni suggerimenti per scoprire le proprie facoltà « psi », ed eventualmente potenziarle razionalmente.

Il volume, documentato, completo ed aggiornato, chiaro nella esposizione ad accessibile a tutti, è opera di un noto e valente studioso di parapsicologia, il quale ha dedicato in particolare alla telepatia numerosi studi, interventi e saggi, e ci offre pertanto un'opera che interesserà tanto gli studiosi e gli appassionati, quanto il grande pubblico.

Edizioni Mediterranee - Roma - Via Flaminia, 158

Allan Kardec

LE RIVELAZIONI DEGLI SPIRITI

Genesi - Miracoli - Profezie

Proseguendo nel piano di pubblicazione delle opere di Allan Kardec, fondatore dello Spiritismo, appare per la prima volta in edizione italiana quest'opera riguardante *La Genesi, i Miracoli e le Profezie* alla luce dello Spiritismo.

Nel *Libro degli Spiriti* e nel *Libro dei Medium,* Kardec gettò le fondamenta della filosofia spiritualista. Nel successivo *Vangelo secondo gli Spiriti* dette una interpretazione nuova e razionale del contenuto dei Vangeli e del messaggio di Cristo.

Quest'opera è un altro passo avanti nelle conseguenze e nelle applicazioni dello Spiritismo, e rappresenta il complemento delle precedenti, oltre che una conferma di tutta la dottrina spiritualista.

Partendo dal presupposto della interazione tra spirito e materia quale supporto della realtà universale, il libro spiega, attraverso le parole e le comunicazioni degli stessi spiriti, i fenomeni fondamentali che dettero origine alla vita e alla molteplicità degli universi.

Inoltre, l'interpretazione — secondo le rivelazioni degli spiriti — di eventi straordinari quali i miracoli e le profezie, permette di dare una logica e coerente spiegazione a tali fenomeni.

Edizioni Mediterranee - Roma - Via Flaminia, 158

Cerchio Firenze 77
DAI MONDI INVISIBILI
Incontri e colloqui

Il Cerchio Firenze 77 da circa trent'anni, attraverso un medium straordinario, è partecipe di manifestazioni di eccezionale interesse. Infatti, nel corso delle loro sedute si manifestano entità elevate, le quali danno luogo a comunicazioni profonde ed importanti sui problemi esistenziali e conoscitivi del genere umano.
Inoltre, si verificano vari fenomeni, dei quali il piú notevole è certamente quello degli apporti, alcuni dei quali avvengono anche a luce accesa: scaturendo dal nulla, si materializzano oggetti (anelli, spille, medaglie, monete, orologi, chiavi e simili) e spesso anche fiori, rami e vegetali. Gli apporti, dei quali nel volume sono riprodotte numerose fotografie a colori, sono di solito doni per i singoli partecipanti alle sedute, e conservano la stessa consistenza e realtà di tutti gli altri oggetti che vengono normalmente considerati «reali». Tra gli altri fenomeni sono da segnalare i profumi, che accompagnano le diverse entità, l'apparizione di luci e globi luminosi, anche colorati, e l'apparizione delle stesse entità, spesso luminose, le quali possono essere viste e «toccate» dai presenti. Tutta la vasta gamma degli effetti medianici è dunque presente nel «Cerchio», che per circa trent'anni ha lavorato in silenzio. Solo oggi, per consiglio delle «guide», si è finalmente deciso a raccogliere in questo libro una sintesi delle esperienze, delle comunicazioni e degli insegnamenti ricevuti in tanti anni.
È pertanto un'opera di grande importanza, soprattutto per coloro i quali non credono nell'Aldilà.

Edizioni Mediterranee - Roma - Via Flaminia, 158

Massimo Scaligero
REINCARNAZIONE E KARMA

Siamo tutti dei reincarnati. In ogni cuore umano pulsano secoli di vita. In ogni nostro simile, che vediamo giornalmente circolare, agire, esprimere la propria personalità, possiamo ravvisare un reincarnato: un essere che ha già vissuto altre volte sulla Terra. Avviene raramente che qualcuno lo sappia: in rapporto alla maggioranza umana, sono pochi coloro i quali meritano di sapere di essere dei reincarnati. Perché pochi? Molti giungono a supporlo: si trovano dinanzi all'idea della Reincarnazione, come dinanzi a una fascinosa ipotesi, ma non vanno oltre questa, si arrestano dinanzi al còmpito di una verifica. Ma è possibile, una verifica? E se è possibile, quale senso ha per l'uomo contemporaneo?

A simili interrogativi risponde questo nuovo studio di Massimo Scaligero, che esamina il tema della Reincarnazione in rapporto alle esigenze umane, morali e sociali verso di esso: esigenze urgenti, attualissime, ma purtroppo non consapevoli del loro oggetto. È il tema, o l'idea, che risponde a una realtà profonda, basilare, dell'uomo: che il moderno uomo autocosciente ha il dovere e il potere di scoprire, perché essa si dimostra la chiave di tutti i suoi problemi, da quello psicologico a quello sociale: persino del problema economico. Alla luce della dottrina della Reincarnazione, infatti, ogni individuo nasce con il piano già organizzato della propria condizione economica. È importante tuttavia capire che cosa nella Cultura attuale avversa questa conoscenza, che aiuta l'uomo a identificare se stesso e a liberarsi dalla paura: che cosa vuole impedire all'uomo di scorgere in sé il principio capace di modificare il destino, in quanto principio indipendente dal processo della Reincarnazione e del Karma: vietargli la via della libertà, della fraternità, della evoluzione « solare ». Viene mostrato come tale evoluzione non possa venire da provvedimenti esteriori o da crepuscolari ideologie, ma solo da responsabile indagine nel retroscena del destino umano. La conoscenza di sé permane il presupposto della liberazione dell'uomo.

Edizioni Mediterranee - Roma - Via Flaminia, 158